Yanrong

# Kochkunst in China

Wang Yanrong (Hrsg.)

# Kochkunst in China

mit Tuschmalereien von
Li Shiji und Chen Ting
Vorwort von Erika Schödel

Weingarten

CIP-Kurztitelaufnahme der Deutschen Bibliothek

**Kochkunst in China** / Wang Yanrong (Hrsg.). Mit Tuschmalereien von Li Shiji u. Chen Ting. Vorw. von Erika Schödel. [Übers. aus d. Chines.: Mai Zhanxiong in Zusammenarbeit mit Kathe Dschao]. – Weingarten : Kunstverlag Weingarten, 1983.
Aus d. Ms. übers.
ISBN 3-921617-76-6
NE: Wang, Yanrong [Hrsg.]

Herausgeber: Zhaohua Verlag, Beijing, China
und Kunstverlag Weingarten, Bundesrepublik Deutschland
Redaktion: Wang Yanrong
Übersetzung aus dem Chinesischen: Mai Zhanxiong
in Zusammenarbeit mit Kathe Dschao
Illustrationen: Li Shiji und Chen Ting
Fotos: Wu Tinba


Satz: Fotosatz F. Riedmayer GmbH, Weingarten
Reproduktion: repro-team gmbh, Weingarten
Gesamtherstellung: Ernst Uhl, Radolfzell
Printed in Germany 1983
ISBN 3-921617-76-6

# Inhalt

# Vorwort

Lao Huo ist ein Meister seines Faches, ein Künstler, und läßt sich gar nicht – schon gar nicht von mir – in sein Handwerk pfuschen. Wenn wir zusammen ein „Bankett", also ein Festessen für edle Gäste planen, fragt er zunächst, wer denn der Ehrengast sein wird, ein Minister, ein Vizeminister, ein namhafter Schauspieler, oder vielleicht „nur" ein Direktor, Abteilungsleiter oder Professor, denn je nach dessen Würde wird die Speisenfolge zusammengestellt und bei sehr komplizierten Gerichten ein Hilfskoch bestellt.
Nach den sieben kalten, meist raffinierten Vorspeisen, die zu Beginn bereits auf der Drehplatte stehen, und die die Gastgeber mit ihren Vorlegestäbchen ihren Nachbarn höflich und streng nach Rangfolge auf ihre Tellerchen zu geben haben, folgt – natürlich nach den obligaten Tischreden des Hausherrn und des Ehrengastes – das hochwertigste Gericht. Hochwertig heißt nicht nur teuer, sondern auch bekömmlich und wertvoll für die Gesundheit und für das Wohlbefinden der meist würdigen Herren oder Damen in vorgeschrittenem Alter. Für am hochwertigsten gelten wohl in ganz China die Haifischflossen, die je nach Würde des Gastes mehr oder weniger „verlängert" werden können mit Hühnerbruststreifen. Danach kommen die schwarzen, glitschigen Seegurken, Abalonen, Langusten, Ente, ein großer, ganzer Fisch, in Öl gesotten oder gedünstet, ein Gemüsegang, dazwischen allerlei Beigaben, süß und salzig. Als Abschluß der salzigen Gerichte wird eine „Verdauungssuppe" gereicht, eine dünne Hühnerbrühe mit Fischschwimmblase und einigen Gurkenscheiben oder Kürbisstückchen, je nach Saison in einem ausgehöhlten Kürbis angerichtet. Als Nachtisch schmecken dann „Silberohren", ein weißer Fungus, in Kandiszuckerwasser oder „Mandeltee", eine warme Mandelsuppe, zum Schluß frisches Obst.
Schon lange mußte ich einsehen, daß ich in solch edle Speisenfolge meine Leibgerichte, von denen viele in diesem Buche zu finden sind, nicht hineinmogeln kann, nein, sagt mir Lao Huo abfällig, das seien gewöhnliche Familiengerichte: „Jiaozi", die chinesischen Ravioli, hier in Nordchina das Festessen in Familien und Lieblingsspeise aller Kinder; oder Rindfleischschnitzelchen mit Sojabohnensprossen oder mit Zwiebeln; Glasnudeln mit Chinakohl und getrockneten Lilienblüten; all das gehört nicht auf einen Bankett-tisch, das Festessen für offizielle Anlässe. Also, nur wenn dann keine so hohen Gäste

kommen, läßt sich Lao Huo zwar ungern – und nur mir zuliebe – dazu herab, die mir schon seit meiner Kindheit als so gut in Erinnerung gebliebenen Gerichte zuzubereiten: z.B. „Laobing“ (gerösteter Fladen), frische Gurken mit Sesampaste und Knoblauch, scharfgewürztes Schweinefleisch mit Erdnüssen, süßsaures Fischfilet, den „Acht-Schätze“-Reispudding und, für mich sehr wichtig, eine Schale mit dampfendem Reis.

Die Kochkunst unseres Kochkünstlers Lao Huo hat sich in Peking herumgesprochen, auch unter Ministern, Botschaftern, Schauspielern, Professoren, Abteilungsleitern, Gouverneuren und Präsidenten. So ist es uns ein Leichtes, solch wichtige Damen und Herren einzuladen und ihre Zusagen zu erhalten, denn ein gutes Bankett ist auch für sie noch jedesmal ein Fest. Der „Maotai“, ein 60%iger Hirseschnaps und der warme Shaoxin-Reiswein, zu dem sich die Tischrunde – die Tische sind immer rund! – gegenseitig animiert, tut noch das Seinige zu dem Erfolg eines Abends und damit zur Annäherung an die Gesprächspartner.

So sind wir sehr glücklich mit unserem Lao Huo, auch wenn er als Künstler sich seines Wertes durchaus bewußt ist und sorgsam und respektvoll behandelt werden mag. Er erleichtert mir mein Hausfrauendasein und meinem Mann die „Diplomatie“.

Was hilft dem Leser das Wissen um unvorstellbare Bankette im fernen China! Ich möchte Ihnen ein praktisches Rezept verraten, das mir als Hausfrau in Deutschland aus der peinlichen Situation geholfen hat, wenn nach Ladenschluß sich der Brotkasten als leer erweist, und meine Kinder jubelten: „Heute gibt es chinesisches Brot“, jene zuvor erwähnten „Laobing“:

*500 g Mehl, 1 Tasse lauwarmes Wasser, Salz, 1 Tasse verdünnte Sesampaste oder Sesamöl oder Speiseöl, 1 Teelöffel Öl*

Man nehme das Mehl und fülle es in eine Schüssel, gebe das gut lauwarme Wasser langsam dazu und rühre mit (Stäbchen!) der Gabel, bis die Konsistenz eines lockeren Hefeteiges erreicht ist – noch nicht kneten! Zugedeckt etwa 20 Minuten stehen lassen. Eine große flache Pfanne auf niedriges Feuer stellen. Den Teig durchkneten, dann mit dem Nudelholz auswellen in ein etwa 60 cm × 25 cm langes Oval, etwa 2-3 mm dick. Hierauf streue man ganz fein etwas Salz, darauf verteile man mit Öl verdünnte Sesampaste oder Sesamöl, oder einfaches Speiseöl und rolle den Teig auf. Die Rolle in zwei Hälften teilen, jede Hälfte wie eine Spirale drehen und plattdrücken, dann vorsichtig rund auswellen, etwa einen knappen Zentimeter dick. 1 Teelöffel Öl in die Pfanne geben, verteilen, den Fladen hineingeben, Feuer wenig größer stellen und die Pfanne zudecken. Nach 3 Minuten umdrehen, evtl. etwas Öl zufügen, nochmal 3 Minuten zugedeckt rösten.

Laobing schmeckt am besten noch warm, dazu frische Gurke mit Sesampaste, mit Wurst oder Käse oder einfach nur so. Ich bin sicher: Ihre Kinder werden Sie immer wieder nach chinesischem Brot fragen!

Und Lao Huo wäre entsetzt, wenn er wüßte, daß ich dieses Rezept hier anfüge, denn dieses ist täglich Brot und nicht „Kochkunst in China“.

Peking, Juli 1983

Erika Schödel

Das vorliegende Buch stellt auf dem Kochbuchmarkt eine Besonderheit dar: Der gesamte Text wurde von chinesischen Autoren in der Volksrepublik China verfaßt. Europäisierende Verfremdungen in den originalen Rezepten und Beschreibungen der Koch- und Zubereitungsmethoden wurden auch dadurch ausgeschlossen, daß die Übersetzung ebenfalls durch den Zhaohua-Verlag in Peking erfolgte. Der Übersetzungsstil wurde bewußt beibehalten.
Selbst das Vorwort wurde in China geschrieben: Frau Erika Schödel, der Gattin des Botschafters der Bundesrepublik Deutschland in China, danken wir besonders für ihre wertvollen Hinweise. Dank gebührt auch Frau Julie Regenbogen, die die Rezepte auf ihre Durchführbarkeit in den deutschsprachigen Ländern durchsah.

In China ist es üblich, daß für eine drei- bis vierköpfige Familie an Feiertagen vier Gerichte und eine Suppe zubereitet werden. Je nach Appetit reichen die einzelnen Gerichte für ein bis zwei Personen aus. Ein Menü sollte je nach Geschmack der Familie und Gäste aus salzigen und weniger salzigen Speisen bestehen. Die fetthaltigeren und salzigen Speisen sollten nach den zarten und weniger salzigen aufgetragen werden. Während der Mahlzeit wird chinesischer „grüner", „roter" oder „schwarzer" Tee getrunken, der allerdings auch durch Bier oder einen trockenen Weißwein ersetzt werden kann.
Alle erwähnten Lebensmittel sind in gut sortierten Lebensmittelgeschäften oder in Lebensmittelabteilungen der Warenhäuser erhältlich.
Die Maßangaben in den Rezepten erfolgten von den chinesischen Autoren sehr genau nach Milliliter (1 Milliliter = 1/1000 Liter). Vereinfachend können Löffel oder Tasse als Küchenmaß verwendet werden, wobei die Berechnung zwangsläufig etwas ungenau wird.

| | |
|---|---|
| 5 ml | = ca. 1 gestrichener Teelöffel |
| 10 ml | = ca. 1 gestrichener Dessertlöffel |
| 15 ml | = ca. 1 gestrichener Eßlöffel |
| 200 ml | = ca. 1 Tasse |

Der Verlag

# Geschichte der chinesischen Kochkunst

Die chinesische Kochkunst ist in der Welt berühmt. Ihr Ruhm wurde jedoch nicht in einem Tag erlangt. China ist ein altes zivilisiertes Land mit einer historisch belegten Geschichte von 5000 Jahren, und seine Kochkunst hat auch einen langen Entwicklungsprozeß durchgemacht. Die chinesische Küche entstand durch das Zusammenwirken der Intelligenz und des Fleißes chinesischer Köche in diesen Jahrtausenden.

In dem weit zurückliegenden und primitiven Anfang der menschlichen Existenz führten unsere Vorfahren ein Leben, in dem sie aßen, was als „rohes Fleisch mit Haut und Haaren" bezeichnet wurde. Es gab nichts Derartiges wie Kochkunst. Archäologen haben vermutet, daß die Kochkunst durch Waldbrand begann. Wenn Blitzschläge Waldbrand verursachten, flohen primitive Menschen vor dem Feuer und kehrten in die Wälder zurück, wenn das Feuer erloschen war. Die nicht entflohenen Tiere waren nun wie gebraten. Die hungrigen primitiven Menschen wurden von dem Geruch versengter Tiere angelockt und fanden, daß das gebratene Fleisch besser als rohes schmeckte. So merkte man, daß durch Braten das Essen geschmackvoll wurde. Man bewahrte brennende Holzstücke auf und entdeckte auch Methoden zum Entfachen des Feuers durch Aneinanderreiben von Stöcken und Funkenschlagen aus Feuerstein und anderen Steinen. Gebratenes Essen wurde allgemein üblich. Das für Kochkunst benutzte chinesische Wort „peng" von „peng tiao" hat seinen Ursprung vom Gebrauch des Feuers beim Braten.

Die Menschen begannen zwar Gerichte zu braten, aber sie wußten nicht, wie sie zu würzen seien. Es ist möglich, daß nach Jahren primitive Menschen in Küstengebieten zufällig ihr Wild an Seeufern liegen ließen. Das mag dann von Salzkristallen aus verdampftem Seewasser bedeckt worden sein. Wenn dieses salzbedeckte Fleisch gebraten wurde, schmeckte es noch besser. Infolgedessen begannen primitive Menschen zum Würzen Salz zu sammeln. Das Wort „tiao" von „peng tiao" bedeutet Würzen, und Würzen entstand durch Nutzen von Salz.

Die Entdeckung des Bratens und Würzens spielte eine wichtige Rolle bei der Entwicklung der Menschheit und der menschlichen Gesellschaft. Daß der Mensch nicht weiter rohes Fleisch aß, unterschied menschliche Lebewesen von den Tieren. Braten

*Links:*
Li. *Altes chinesisches Kochgefäß mit einer runden Öffnung und drei hohlen Füßen, gewöhnlich Keramik, entstanden in der späteren Periode der Neuen Steinzeit. In der Shang- und Zhou-Dynastie (etwa zwischen dem 16. Jahrhundert und 771 v. Chr.) wurde dieses Kochgefäß auch aus Bronze hergestellt.*

*Rechts:*
Ding. *Altchinesisches Kochgefäß, meistens aus Bronze gefertigt, in runder Form mit drei Füßen und zwei Henkeln, manchmal auch in eckiger Form mit vier Füßen. Es war als Kochgerät in der Yin- und Zhou-Dynastie (etwa 1324-771 v. Chr.) weitgehend verbreitet.*

*(Alle Gefäße: Nanjing-Museum, Altertumsabteilung)*

und Würzen töteten Bakterien im Essen, machten es leichter verdaulich und nahrhafter. Man pflegte allmählich zu bestimmten Tageszeiten Fleisch zu braten und Mahlzeiten einzunehmen. Gebratene Nahrung förderte die körperlichen und geistigen Kräfte des Menschen, und dies führte zur Entwicklung seiner Produktivkräfte. Die Menschheit kam allmählich aus dem Zeitalter der Rohheit heraus und schritt der Zivilisation entgegen.

Chinesische Kochkünste entwickelten sich aus Verfeinerungen in mehreren Jahrtausenden. Als der Mensch am Anfang zu braten begann, waren die Methoden sehr einfach. Man tat das Essen einfach über das Feuer oder auf heiße Steine. Später wurde die Töpferei erfunden, und mit ihr entstanden eine Menge von Kochgeschirren, wie „ding", „li", „yan" und „zeng". Diese waren eine Kombination von Topf und Ofen. Gleichzeitig entwickelten sich verschiedene Kochmethoden. Man begann zum Beispiel Eßwaren zu behandeln, indem man sie in Lehm und Stroh einwickelte und dann röstete, die Nahrung direkt über dem Feuer röstete, zuerst das Fleisch in Scheiben zerschnitt und diese an einem Bratspieß röstete und das Essen in einem Kochgeschirr mit Wasser kochte oder über Wasser dämpfte. Kochen mit Speiseöl erfolgte viel später. Vor der Han-Dynastie (bis 206 v. Chr.) wurde nur tierisches Fett benutzt. Nach „Zhou Li" (ein Buch über das Regierungssystem der Zhou-Dynastie) aßen die Könige der Zhou-Zeit im Frühjahr Lamm und Ferkel, gebraten in Butter. Im Sommer aßen sie gedörrte Krammetsvögel und Fische, gebraten in Hundefett. Im Herbst verzehrten sie Kalbfleisch und Rehkalb, gebraten in Schweineschmalz, und im Winter frische Fische und Wildgänse, gebraten in Hammelfett. In der Han-Dynastie wurde Öl aus Pflanzensamen gepreßt. Die Benutzung dieses Öls beschleunigte die Entwicklung der Kochkunst. Man verstand zuerst zu braten und dann über einem lodernden Feuer knusprig zu braten, danach mit Umwenden oder Rühren zu braten.

*Links:*
Yan. *Ein altes chinesisches Kochgefäß zum Dämpfen, hergestellt aus Ton oder Bronze, unten ein* Li, *obenauf ein* Zeng *genannter Behälter mit gelöchertem Einsatz, ähnlich dem heutigen Bambusgeflecht zum Dämpfen, benutzt in der Shang- und Zhou-Dynastie (etwa zischen dem 16. Jahrhundert und 771 v. Chr.).*

*Rechts:*
Zun. *Ein antikes Bronze-Trinkgefäß Chinas, wie ein* Gu, *ein anderes Weingefäß aussehend, aber stärker ausgebaucht und mit großer Öffnung. Die Füße sind ringförmig miteinander verbunden. Dieses in Form und Struktur variierende Weingefäß war in der Yin-Dynastie und den ersten Jahren der Westlichen Zhou (etwa 1324-1066 v. Chr.) verbreitet.*

Mit den Fortschritten der Gesellschaft, wachsender Mannigfaltigkeit und Fülle der Eßwaren und immer intensiverem Experimentieren vervollkommnete sich die Kochkunst. „Zhou li“ und „Li Ji“, zwei alte Bücher, erwähnen acht köstliche Speisen, zubereitet für Könige. Sie mögen acht berühmte Gerichte gewesen sein. Eines davon war „Gebratenes Mutterschaf“. Seine Zubereitung ist komplizierter als diejenige des heutigen „Gebratenen Ferkels“. Die Zubereitung schloß Rösten, Braten, Schmoren ein. Zu den Zutaten gehörten Reismehl, dicke Sojabohnentunke, Essig und Gewürze. Die Rezepte zeigen die Kultiviertheit der Gastronomie in jener Zeit. In der Periode der Streitenden Staaten schrieb Qu Yuan, ein großer Dichter des Staates Chu (etwa 1340–1278 v. Chr.), einen Essay mit dem Titel „Die Seelen zurückrufen“. Das war eine Huldigung für die gefallenen Generäle und Soldaten von Chu. Der Essay enthielt ein langes Menü, zu dem solche Gerichte gehörten wie geschmortes Rindfleisch, gebratene Weichgehäuse-Schildkröte, gegrilltes Lamm, geröstete Wildgans, gedämpfte Ente, gewürztes Huhn, gebratene Schildkröte, Fischsuppe, Schweinefleischklößchen und Wachtelsuppe. Als Würze wurden Sojabohnensauce, Essig, Salz, Pflaume, Sirup und Honig verwendet, um den Speisengeschmack salzig, scharf, sauer oder süß zu machen. Die Kochtechnik ist kompliziert und mannigfaltig. Die einzige noch fehlende Methode war diejenige des Schmorens. In der späteren Periode der Streitenden Staaten erschien eine umfassende Abhandlung über Gastronomie. Das war das „Kapitel über natürliche Geschmacksarten“ in den „Annalen von Lü“. Die Abhandlung wies darauf hin, daß die Kontrolle über die Flamme und die Beherrschung des Würzens entscheidend für gutes Kochen sind. Die richtige Flamme, die geeignete Kochzeit und die angemessene Benutzung von Würzen könnten unerwünschten Geschmack beseitigen und das beste Aroma im Essen entfalten. Während der Han-Dynastie brachte Zhang Qian (?–114 v. Chr.) Luzerne, Trauben und andere neue Nahrungsmittel von seinen Reisen nach dem Westen zurück. Walnüsse, Saubohnen, Möhren, Zwiebeln, Pfeffer und Gurken

wurden auch in China eingeführt. Inzwischen wurden Bohnenquark und andere Bohnenprodukte in China erfunden. Mit der Zunahme der Nahrungsmittel entwickelten sich auch die Kochtechniken.
Während der Wei-, der Jin-, der Nördlichen und Südlichen Dynastie (220–587) kam es in China zu einer großen Wanderung und Mischung von verschiedenen Nationalitäten. Das darauf folgende Zusammentreffen von Kulturen und Gebräuchen schloß natürlich einen Austausch von Eßwaren und Kochstilen ein. Braten und schnell gekochte Fleisch-Schnitten kamen aus Xinjiang und Zentralasien. Scharfes Paprika-Öl und eine Fischwürzsauce stammten aus Hunan und Sichuan im Südwesten. Aus Fujian und Guangdong kamen geröstetes Schweinefleisch und roher Fisch, und von der südöstlichen Küste Chinas Methoden für die Zubereitung von Meeresprodukten. Die verschiedenen Kochstile ergänzten und bereicherten einander. Das Buch „Qi Min Yao Shu", geschrieben etwa zwischen 533 und 544 von Jia Sixie, einem bekannten Gelehrten der Nördlichen Wei-Dynastie, beschreibt eine Anzahl von Kochverfahren und enthält viele Rezepte. Es ist ein wichtiges Werk über die Landwirtschaft und die Kochkünste Chinas.

In der Tang-Dynastie (618–907) war China das mächtigste Kaiserreich im Osten. Inländische Stabilität und blühende Kultur zogen zahlreiche Menschen aus anderen Ländern an, und sie kamen zum Lernen nach China. So standen auch die Kochkünste in voller Blüte. Nicht nur Farbe, Geschmack und Aroma waren wichtig, Form und Darbietung der Gerichte wurden auch wesentlich für gute Gastronomie. Beweise dafür finden sich in: „Kochrezepte" von Wei Quyuan aus der Tang-Dynastie, in „Yu Gong Pi" von kaiserlichen Köchen der Song-Dynastie und in „Zhong Kuei Lu" von Wu Shi aus Pujiang in der Song-Zeit. Die „Kochrezepte" der Song-Dynastie erwähnen ein Gericht mit dem Namen „Die Tore durchdringender Wohlgeruch". Der Kochstil ist dem „Quanbao", der heutigen Kochmethode in der Pekinger Küche ähnlich. Das ist ein Beweis für die Meisterschaft der Kochkunst in jener Zeit.
Während der Ming- und Qing-Dynastie (14.–20. Jahrhundert) brachte die Entwicklung des Seetransports Delikatessen wie Haifischflossen, Seegurken und Schwalbennester auf den Bankett-Tisch. Diese wurden gewöhnlich getrocknet konserviert und mußten vor dem Kochen in Wasser oder anderen Flüssigkeiten eingeweicht und wiederhergestellt werden. Das war eine spezielle Technik, und die Köche der Ming- und Qing-Dynastie hatten sie beherrscht. Haifischflossen, Seegurken und Schwalbennester haben an und für sich einen faden Geschmack. Man muß dazu noch eine würzige Kraftbrühe kochen.
„Menüs des Sui-Gartens", geschrieben von dem Gelehrten Yuan Mei (1716–1798) der Qing-Dynastie, ist ein Meisterwerk über chinesische Kochkunst. Der Autor beschrieb nicht nur die Zubereitung der vielen Leckerbissen und kostbaren Speisen, die er probiert hatte, sondern veröffentlichte auch viele Theorien der Gastronomie und seine eigenen Analysen über sie. In der Qing-Dynastie bestand ein luxuriöses Mandschu-Han-Bankett aus sechs großen Platten, sechs kleinen Platten, vier Hauptgerichten, zwei oder drei Desserts und 24 Präsentiertellern (4 mit getrockneten Früchten, 4 mit frischen

Früchten, 4 mit kandierten Früchten, 8 kalten Speisen und 4 heißen Speisen.). Außerdem wurden den Gästen vor dem Mahl pikante Vorspeisen und zweimal Tee gereicht. Das Bankett war überreich und verschwenderisch, aber es war eine Synthese der besten Speisen der Mandschu und Han und war eine prächtige Darbietung der Auserlesenheit chinesischer Kochkunst.

## Die Kunst der Zubereitung

Chinesisches Essen wirkt durch Farbe, Form, Wohlgeschmack und Aroma auf die Sinne der Menschen. Um Vollkommenheit beim chinesischen Kochen zu erzielen, muß man die vielgestaltige Kochtechnik beherrschen, die sich im Laufe der Jahrtausende entwickelt hat.

### Schnitt

Form ist in der Hauptsache vom Schnitt abhängig. Der Schnitt wirkt auch auf Farbe, Aroma und Geschmack ein. Rohe Materialien sollten in Scheiben, Würfel, Schnitzel, Stücke, Stückchen oder feinblättrig geschnitten werden, entsprechend den Anforderungen des Gerichts und der Eigenschaft des Rohstoffes. Das Schneiden war für Jahrtausende ein wesentlicher Teil der Kochtechnik. Vor 2000 Jahren sagte Konfuzius, der große Philosoph und Erzieher: „Ich will kein Essen zu mir nehmen, das nicht richtig geschnitten ist." Wir sollten Konfuzius nicht tadeln, daß er in dieser Hinsicht allzu genau gewesen ist. Unrichtiger Schnitt macht das Essen unansehnlich und verursacht eine Unausgeglichenheit in Farbe und Geschmack. Beim Braten auf großer Flamme wird unrichtiger Schnitt zur Folge haben, daß die kleinen Stücke zu gar sind und große Stücke roh bleiben.

Ein berühmtes Gericht, „Dicke Suppe aus Flußbarsch und Haarnixe" (= getrocknete Algenhaare), entstand zur Zeit der Jin-Dynastie (265–420). Das oben erwähnte Werk „Qi Min Yao Shu" beschreibt, daß man bei der Zubereitung des Gerichts sehr präzise schneiden muß. Die Gräten des Flußbarsches müssen ausgenommen und das Fleisch muß in sechs Zentimeter lange Scheiben zerschnitten werden. Haarnixen müssen geschnitzelt werden. „Flußbarsch und Haarnixe" war so wohlschmeckend, daß laut einem historischen Bericht ein Mann namens Zhang Han sein öffentliches Amt in Luoyang aufgab und in seine Heimat, Kreis Wuxian, Provinz Jiangsu, zurückkehrte, um das berühmte Gericht zu genießen. Der Kaiser Yangdi der Sui-Dynastie soll „Flußbarsch und Haarnixe" noch gepriesen haben. Die uns aus der Tang-Dynastie hinterlassenen zahlreichen Kochrezepte zeigen, daß gute Köche in jener Zeit mit dem Messer viele mit schönen Mustern verzierte Speisen herstellen konnten. Und heute haben wir Freude an der Mannigfaltigkeit von kalten und heißen Speisen, die kompliziert gemustert und in kunstvoller Anordnung dargereicht werden.

古猿人狩猎生食

## Würzen

Geschmack ist in der Hauptsache vom Würzen abhängig. Die richtige Verwendung von Würzmitteln ist äußerst wichtig. Es gibt viele Geschmacksarten wie salzig, süß, sauer, scharf, wohlriechend, bitter usw., und davon ist salzig vorherrschend. Salz kann nicht nur den Geschmack verbessern, es kann auch fischartigen oder nach Wild riechenden Geschmack in Speisen beseitigen. Zucker süßt und kann Fette auflösen und bitteren Geschmack in manchen Speisen nehmen oder ausgleichen. Essig löst Kalzium in Speisen auf und kann die Fettigkeit eines Gerichts aufheben. Pfeffer hat sein einzigartiges scharfes Aroma, das Speisen appetitanregend macht. Bitterer Geschmack in einem Gericht ist gewöhnlich nicht erwünscht, aber ein bißchen Bitterkeit kann gewisse unerwünschte Geschmacksempfindungen aufheben und die Köstlichkeit anderer Zutaten verstärken. Die richtige Verwendung von Gewürzen wird eine Vielfalt von Speisen schaffen, um sich verschiedener Appetite anzupassen. Beim Kochen muß ein guter Koch wissen, welche Zutaten hinzukommen sollen, wieviele Zutaten und wann sie dazu zugeben sind. Verschiedene Gewürze sollen auf verschiedenen Stufen der Zubereitung hinzugefügt werden. Beherrschung der Hinzufügung von Zutaten und Gewürzen ist Beherrschung der Kochkunst. Das alte „Shang Shu“ (Buch der Geschichte) bemerkt, daß Salz und eine saure Pflaumenart notwendige Zutaten beim Kochen einer Suppe waren. Essig war in jener Zeit nicht bekannt, stattdessen wurden saure Pflaumen verwendet. Es wird berichtet: In der Frühlings- und Herbstperiode fühlte sich Fürst Qi Huan (?–720 v. Chr.), Führer von fünf Staaten, eines Nachts nicht wohl. Sein Mund war heiß und trocken, und sein Herz hämmerte wild. Sein Günstling Yi Ya, ein wegen seines Würzens berühmter Koch in der Geschichte, machte eine Schale Suppe für den Fürst. Die Suppe wirkte gut, und er wurde schnell wieder gesund. Ungeachtet des Geschmacks der eigentlichen Zutaten hängt ein wirklich köstliches Gericht von den Gewürzen ab. Durch wechselnde Verwendung von Würzen haben chinesische Meisterköche neue Geschmacksarten geschaffen: das prickelnd pikante „Mala“, das „Yuxiang“ (fischartiger Geschmack), eine Kombination von süß, scharf und salzig, das „Guaiwei“ und andere.

## Das Feuer

Chinesische Meisterköche schenken der Kontrolle über das Feuer besondere Aufmerksamkeit. Sie behandeln es geschickt, um mit verschiedenen Methoden aus unterschiedlichen Zutaten köstliche Speisen mit Besonderheiten zu kochen. Chinesischen Meisterköchen war schon sehr früh die Bedeutung der Kontrolle des Feuers bewußt. Die „Acht Delikatessen“ des „Zhou Li“ und „Li Ji“ wurden durch langes Schmoren oder Dünsten auf kleiner Flamme zubereitet. In dem „Kapitel über natürliche Geschmacksarten“ der „Annalen von Lü“ wurde das Feuer als entscheidend für die Wirkung des Geschmacks einer Speise betont. Ein richtiges Feuer bedeutete ein köstliches Gericht. Su Dongpo (1037–1101), ein großer Schriftsteller der Song-Dynastie, war auch erfahren im

Kochen. Er entwickelte eine Methode zum Schmoren des Schweinefleisches, und es wurde seitdem als „Dongpo-Schweinefleisch“ bekannt. Der große Schriftsteller verewigte sein Schweinefleisch sogar in einem Gedicht mit dem Vers: „Langsames Feuer, wenig Wasser, und köstlich wird es sein.“ Grundsätzlich müssen die in große Stücke geschnittenen Rohstoffe auf einer kleinen oder winzigen Flamme für lange Zeit gekocht werden. Solche Kochmethoden sind im wesentlichen Schmoren und Brodeln. In kleine Stücke zerhackte Zutaten werden auf einer großen Flamme schnell bearbeitet, und diese Methoden des Bratens werden unter Rühren angewendet. Es gibt noch andere Methoden, deren Anwendung abhängig ist von den Speisen, die man zubereiten will. Beim Schmoren oder Brodeln auf kleiner Flamme muß man dem Topf oder den Kochgeräten besondere Beachtung schenken. Anstatt des allgemein üblichen Topfes werden spezielle Töpfe benutzt, und sie werden manchmal abgedichtet, bevor man sie erhitzt. Zum Beispiel gibt es in Pekinger Speiserezepten ein Gericht namens „Nördliches Topf-Schweinefleisch“, das in einem abgedichteten Steinguttopf geschmort wird. Das berühmte Fujianer Gericht „Buddhas Sprung über die Mauer“ wird zubereitet, indem man die Zutaten in ein Shaoxin-Weingefäß tut, es mit Lotusblättern abdichtet und dann auf kleiner Flamme für eine ziemlich lange Zeit schmort. Diese Speise ist weich, klebrig und frisch mit einem köstlichen Aroma. Sie spricht die Sinne an, sobald sie aufgetragen wird. Ein Dichter hat darüber geschrieben: „Das Aroma erfüllt die Luft mit Duft, sobald der Topf geöffnet wird; Buddha will Meditationen aufgeben und über die Mauer springen.“ Der Name des Gerichtes kam von diesem Gedicht. Sein Erfolg hängt von der Kontrolle über das Feuer ab.

## Regionale Kochstile

China ist ein großes Land. Seine verschiedenen Gebiete werden durch unterschiedliche Klimabedingungen, Naturschätze und Lebensgewohnheiten beeinflußt. Die Mannigfaltigkeit regionaler Kochstile und Gerichte ist enorm; auf der Grundlage spezieller Zutaten und Kochverfahren wurden verschiedene Geschmacksarten geschaffen. Was die Zutaten betrifft, ist Sichuan wegen seiner scharfen Sojabohnentunke bekannt; Guangdong hat Austern-Soße; Fujian hat „Hongzao“, ein gegorenes rotes Getreide; und Hunan hat gegorene Sojabohnen oder „Schwarze Bohnen“. Hinsichtlich regionaler Kochstile ist Peking bekannt durch seine gebratenen zarten und knusprigen Speisen. Der Suzhou-Stil ist berühmt wegen seiner Technik beim Brodeln und Schmoren. Suzhou-Gerichte sind etwas süßlich, klebrig, reich an Geschmack und Formgebung. Sichuan spezialisiert sich auf Zubereitung von Speisen mit Paprika und scharfem Pfeffer und ist berühmt durch aromatische und pikante Soßen. Schöne und abwechslungsreiche Guangdong-Speisen sind aus vielen Zutaten hergestellt, schmecken frisch, zart, knusprig und glitschig. Fujianer Köche arbeiten mit klarer Suppe und verschiedenen Methoden des Bratens und bevorzugen süßes und saures Aroma. Hongzao wird häufig beim Würzen von Fujian-Gerichten verwendet. Anhuis Kochkunst ist durch ihre Verwendung von Wild bekannt. Sie legt Gewicht auf natürlichen Geschmack der Zutaten.

Zhejiang-Speisen, meistens gebraten, sind wohlschmeckend knusprig. Die Hunan-Küche bevorzugt die Verwendung von Essig. Ihre geräucherten Eßwaren sind kennzeichnend, und scharfer sowie saurer Geschmack charakterisiert die regionalen Speisen. Shandongs Kochkunst ist berühmt wegen ihrer Suppen: klare Suppen und Milchsuppen.

Individuelle Geschmäcke mögen verschieden sein, aber Farbe, Anrichtungsweise, Geschmack und Aroma sind etwas, was Menschen an die Tafel bringt. Und nur bei Tisch kann man den unterschiedlichen Geschmack und die Eßwaren aus verschiedenen Gebieten Chinas probieren, die chinesische Kochkunst so prächtig und reichhaltig machen.

中國古代
飲食
癸亥冬月
士佩于北京

# Einführung in die chinesische Kochkunst

China ist ein Land mit weitem Territorium und reichen Naturschätzen. Seine Sitten und Gebräuche sind überall sehr verschiedenartig. Jahrhundertelang hat sein Volk eine außerordentlich große Mannigfaltigkeit köstlicher Speisen geschaffen, die zu einem Bestandteil von Chinas kulturellem Erbe geworden sind. Nach unvollständiger Berechnung weist sein kulinarisches Repertoire mehr als fünftausend Kochrezepte auf. Kultivierte chinesische Kochkunst kann äußerst vielfältig sein, denn sie erfordert sorgfältige Auswahl von Zutaten, ihr geschicktes Zerschneiden und die Verwendung von Würzen sowie Feinheit beim Zubereiten, alles nicht leicht zu beherrschende Fertigkeiten. Gewöhnliche Hausmannskost jedoch ist ganz einfach und leicht herzustellen. Im allgemeinen gehören zur Zubereitung eines Gerichtes mehrere Vorgänge: Auswahl der Zutaten, ihre Vorbereitung, Schneiden, Zubereitung der Würzen und Anfachen sowie Regulieren des Feuers, wobei jeder Vorgang mit dem anderen verknüpft ist. Sobald man die Grundregeln erlernt hat und sie den Rezepten nach anwendet, ist es einem durchaus möglich, diese Fertigkeiten sowie die Kunst der Zubereitung einer schmackhaften chinesischen Mahlzeit zu beherrschen.

## Vorbereitung der Zutaten

Die Vorbereitungsweise der Zutaten vor dem Schneiden hat eine direkte Auswirkung auf die Färbung, das Aroma und den Geschmack des Endproduktes und darüber hinaus auf seinen Nährwert.

### Reinigen und Waschen

*Gemüse:* Zur Beseitigung von nicht eßbaren Teilen werden verschiedene Methoden angewandt: Stutzen, Abstreifen, Abknipsen, Abschneiden mit Schere oder Messer, Abschaben oder Schälen. Alle Gemüse sollten vor dem Schneiden gesäubert werden, um den Verlust von Nährstoffen zu vermeiden.

*Getrocknetes Gemüse:* Getrocknete Eßwaren wie Lilienknospen, getrocknete Bambussprossen und China-Pilze (meistens Champignons) werden gewöhnlich in warmem Wasser eingeweicht, bis sie weich sind, dann gekocht bis zum Aufschwemmen. China-Pilze sollten jedoch 15 Minuten lang in kochendem Wasser eingeweicht werden, danach das Wasser gewechselt und die Pilze noch mehrmals eingeweicht werden. Das Wasser ist nach jedem Einweichen nicht wegzugießen. Nachdem es niedergeschlagen hat, kann es gekocht und als Kochmaterial benutzt werden.

*Fisch:* Die Schuppen abkratzen, die Kiemen entfernen, die Flossen abschneiden und die Eingeweide ausnehmen. Zu ihrer Entfernung gibt es zwei Methoden, eine durch einen Schnitt den Bauch entlang zwischen After und Beckenflossen, und die andere durch einen waagerechten Einschnitt am After zum Ausschneiden der Eingeweide. Dann zwei Eßstäbchen durch die Kiemen bis in den Bauch einführen und die inneren Organe herausziehen. Welche Methode man anwendet, hängt von den Erfordernissen des Gerichtes ab. Man achte darauf, beim Ausnehmen nicht in die Gallenblase zu stechen.

*Geflügel:* Das Geflügel schlachten durch Zerschneiden der Blutgefäße und der Luftröhre am Nacken. Gründlichen Blutabfluß beachten, damit das Fleisch sich nicht rot verfärbt. Für ältere Hühner kochendes Wasser benutzen, für junge Hühner Wasser von 80° C. Letzteres auch für Enten und Gänse verwenden, sie aber länger einweichen und ständig mit einem Stab umrühren, damit die Federn leichter abfallen. Zum Ausnehmen der Eingeweide gibt es drei Methoden: einen ca. 5 cm langen Schlitz zwischen dem After und dem Bauch, oder an den Rippen unterhalb der Flügel (für Brathühner und -Enten benutzt), oder den Rücken entlang. Ganz gleich, welche Methode angewandt wird, als erstes müssen Luftröhre und Kropf herausgezogen, dann die inneren Organe entfernt und als letztes das Geflügel unter kaltem fließenden Wasser gewaschen werden.

*Fleisch:* Mit Wasser Blutspuren und Schmutz abwaschen. Die Lungen, Därme und Magen sowie andere innere Organe sollten durch Einreiben von Salz, Alaun und Essig in die Haut gereinigt werden, damit sie gründlich sauber sind. Beim Reinigen der Lunge die Luftröhre aufschneiden und unter fließendem Wasser waschen, bis die Lungenflügel weißlich werden.

Vorbereitung von getrockneten Speisen

*Haifischflossen:* Haifischflossen müssen in Wasser eingeweicht und zum Wiederaufschwemmen gebracht werden. Man trennt die Flossen voneinander nach Größe, Weichheit und Dicke, um für gleichmäßiges Einweichen zu sorgen. Zum Einweichen benutze man nicht Metallgefäße, da die Flossen sonst gelbe Flecke annehmen. Zuerst in heißem Wasser einweichen und den Sand wegkratzen. Zähere Flossen müssen vor dem Abkratzen zweimal in kochendem Wasser eingeweicht werden. Nach dem Reinigen werfe man die Flossen in einen Topf mit kaltem Wasser. Das Wasser erhitzen, bis es kocht, vom Feuer nehmen und abkühlen. Dann die Knochen entfernen und die Flossen in einen Topf mit kaltem Wasser legen. Soda hinzufügen (nicht zuviel, sonst werden die Flossen breiig) und etwa eine Stunde lang kochen, bis sie sich weich anfühlen. Mit heißem Wasser ein oder zweimal spülen, um den Soda-Geschmack zu verdrängen.

*Seegurke (Seewalze):* „Wu"-Seegurke und „Ci"-Seegurke haben dünne Häute und zartes Fleisch und können vorbereitet werden, indem man sie in kaltes Wasser legt, dieses bis zum Kochen erhitzt und sie sich setzen läßt, bis das Wasser abkühlt. Dann schlitzt man jede Seegurke der Länge nach auf, wechselt das Wasser und weicht im klaren Wasser für drei oder vier Tage ein, dabei häufig das Wasser wechselnd. „Yan"-Seegurken haben eine harte Haut. Man sengt diese Haut über einem Feuer, bis sie versengt ist, weicht sie dann in Wasser ein, bis sie weich wird. Die versengte Schicht kratzt man behutsam mit einem kleinen Messer ab und weicht dann wieder ein. Bei zarten jungen Seegurken gibt es die einfache Methode, sie in eine mit kochendem Wasser gefüllte Thermosflasche zu stecken und so einzuweichen. Nach 24 Stunden werden sich die Seegurken völlig aufgebläht haben und kochfertig sein.

*Tintenfisch:* Für jede 500 Gramm getrockneten Tintenfisch fügt man dem Wasser drei Unzen (= 85 Gramm) Sesamsamen-Öl und ein wenig Soda hinzu und läßt den Tintenfisch darin weich werden und sich aufblähen. Oder man bereitet eine Lösung vor mit 15 % Soda, 5 % Kalk und 80 % Wasser, filtriert sie und weicht den getrockneten Tintenfisch in dieser Lösung ein. Nach drei Stunden spült man ihn dann mit klarem Wasser, bis er völlig frei ist von dem alkalischen Geschmack. Zarte Tintenfische sind blaßgelb und durchsichtig, zähe haben die Farbe der chinesischen Glyzine.

*Getrocknete Quallen:* Man weicht sie drei bis vier Stunden in kaltem Wasser ein, stutzt das zähe Fleisch um die Ecken herum weg, wäscht sie, bis sie sauber sind, legt sie dann in eine Schüssel und dämpft sie zwei bis drei Stunden lang.

*Fischzungen:* Man weicht sie in einem nicht metallischen Gefäß für zwei Stunden in kochendem Wasser ein. Dann reibt man mit den Händen die Sandkörner auf der Oberfläche weg. Wenn der Sand sich nicht entfernen läßt, weicht man sie nochmals ein. Dann kocht man sie über einem Feuer, bis sie weich sind, nimmt die Knochen heraus und spült sie in klarem Wasser, bis sie sauber sind.

*Fischmagen:* In kaltem Öl bis zum Aufschwemmen einweichen. Ihn dann in kleine Stücke schneiden und diese gründlich in Öl über starkem Feuer braten, bis sie durchsichtig sind. Danach weicht man sie in heißem Wasser ein, bis sie weich werden, reibt sie ab und wäscht das Öl weg.

1

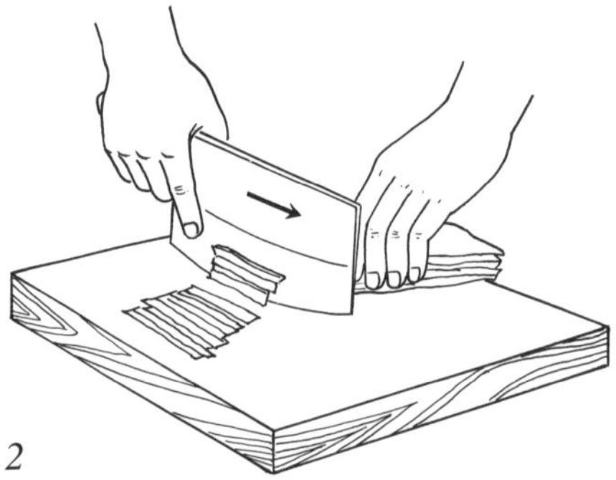

2

3

## Das Schneiden

Das Schneiden ist ein sehr wichtiger Teil der chinesischen Kochkunst, und es besteht eine wichtige Beziehung zwischen dem Schneiden und dem Kochen. Der richtige Gebrauch des Messers ist eine Fertigkeit und eine Kunst. Das hierbei in China verwendete Messer entspricht einem Hackmesser (siehe Zeichnungen).

Grundforderungen beim Schneiden

a) Das Schneiden muß vor allen Dingen auf die besondere Kochweise und auf die Eigenschaft der Eßwaren abgestimmt sein.

b) Das Schneiden muß die Zutat so vorbereiten, daß sie ihre ausgeprägte und attraktive Form behält. Das ist ein wichtiger Faktor für das Aussehen und den Geschmack eines Gerichtes.

c) Zum Schneiden mache man sich vertraut mit den Besonderheiten der Zutaten, mit ihrem Gewebe und ihrer Färbung. Die Eigenart der Speisen sollte variieren; und die Farben spielen dabei eine wichtige Rolle.

d) Beim Schneiden nutze man die Zutaten wirkungsvoll aus. Man verschwende nichts. Für große Schnitte verwende man große Stücke und für feinere Schnitte kleine Stücke.

Schneide-Technik

Die chinesische Küche verlangt von dem Koch, eine Reihe von Formen und Strukturen zu erzeugen und eine Anzahl von verschiedenen Kochmethoden anzuwenden. Die Formen, Strukturen und Methoden hängen oft davon ab, wie die Zutaten geschnitten werden. Es gibt drei Phasen des Schneidens: Die erste dient der groben Vorbereitung: Das Fleisch oder Gemüse auf eine handliche Größe bringen durch Verwendung des Messers zum „Aufschlitzen“ von Dingen, zum „Hacken“ usw. In der zweiten wird die feine Vorbereitung erreicht: Durch Gebrauch des Messers zum „Zerschneiden“, „Scheiben schneiden“ usw. Die dritte dient der dekorativen Vorbereitung: Gebrauch des Messers zum „Zerlegen“ und zu schöpferischem Garnieren.

Folgende Schneide-Methoden und -Techniken werden allgemein angewandt:

*Der Schnitt* wird verwendet für Fleisch, von dem die Knochen entfernt sind, und für Gemüse.
*Der senkrechte Schnitt* (Abb. 1). Diese Methode erfordert, mit dem Messer die Zutaten gerade abwärts zu durchschneiden, das Blatt senkrecht zum Hackbrett. Man wendet sie für sprödes Gemüse, wie Blattsalat und Bambussprossen, an.

*Stoß-Schnitt* (Abb. 2) *oder Zug-Schnitt* (Abb. 3). Stoß-Schnitt erfolgt durch Einstechen des Messers in das Material, um auf einmal durchzuschneiden. Die Druckkraft liegt dabei auf dem Rücken des Messers. Man stoße das Messer gerade zu und nutze die ganze Länge des Blattes aus. Der Zug-Schnitt erfolgt umgekehrt. In beiden Fällen aber ist das Blatt senkrecht zum Hackbrett, und die Kraft wird nicht einfach abwärts verwendet, sondern entweder vom Körper abweisend oder hingewendet. Man benutze beide Schnittweisen für zähe und spröde Dinge, wie z.B. dünne Scheiben von Bohnenquark, getrocknete fadenförmige Zutaten und knochenloses, aber ziemlich zähes Fleisch.

*Säge-Schnitt* (Abb. 4). Diese Methode wird so wie es der Name besagt angewendet: Hin und her sägen mit dem Messer, das Blatt senkrecht zum Hackbrett. Man benutzt sie beim Schneiden von knochenfreiem, aber zähem rohen Fleisch und weicheren Zutaten, wie Brot, Schinken oder gekochtes Fleisch.

*Roll-Schnitt* (Abb. 5). Man presse fest herab auf die Zutat und durchschneide sie mit dem Blatt senkrecht zum Hackbrett, aber in einem schrägen Winkel zu dem Schneide-Objekt. Nach jedem Schnitt rolle man die Zutat um eine Viertelwendung. Der entstehende Keil sollte asymmetrisch sein. Man benutze diesen Schnitt, um spröde, rund oder zylindrisch geformte Gemüse wie Rettiche, Kartoffeln oder Möhren, zu schneiden.

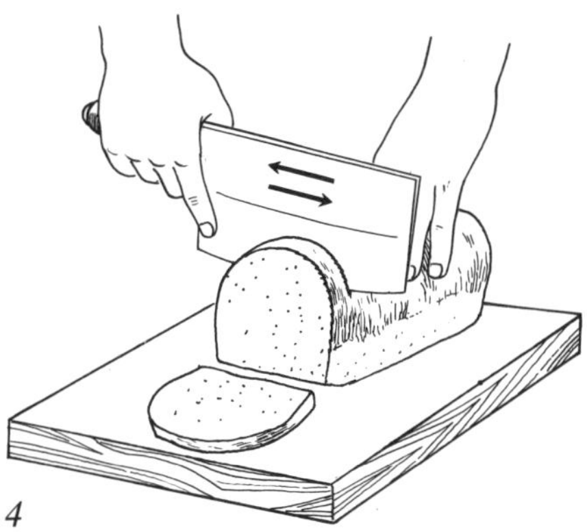

*4*

*5*

6

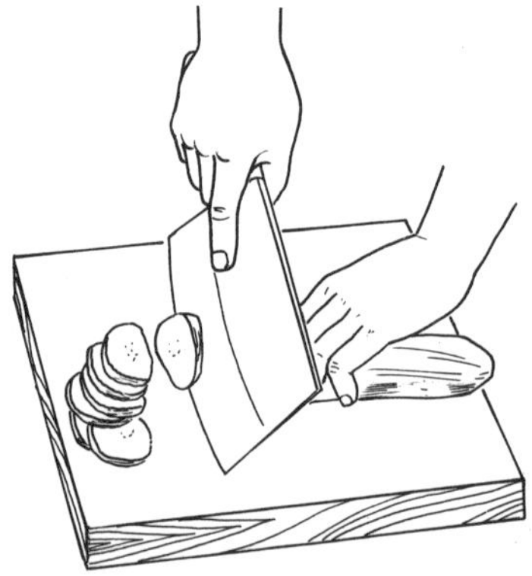

7

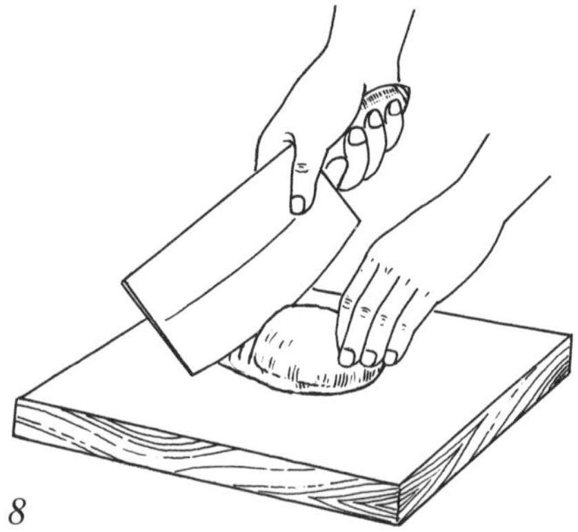

8

*Die Scheibe*

*Horizontale Scheibe* (Abb. 6). Man hält das Messer mit dem Blatt parallel zum Hackbrett und durchschlitzt die Zutat von unten her beginnend. Man benutzt diese Methode für solche Zutaten wie getrockneten Bohnenquark, Fleisch-Sülze und Gelees.

*Diagonale Scheibe.* Bei dieser Methode muß das Blatt des Messers in schrägem Winkel zum Hackbrett gehalten werden, um so die Zutat in einer Diagonalen zu durchschneiden. Die Richtung der Kraft kann vom Körper abweisend (Abb. 7) oder hingewendet (Abb. 8) sein. Man wendet diese Methode an, um weiche Zutaten in Scheiben zu schneiden, wie Nieren, Fisch, Tintenfisch, Stengel von China-Kohl.

*Stoß-Scheibe oder Zug-Scheibe* (Abb. 9 u. 10). Diese zwei Methoden sind im wesentlichen gleich, aber Stoß-Scheiben schneidet man beim Zerschneiden von gekochtem spröden Gemüse, Zug-Scheiben bei Fleisch, Huhn oder Ente. In beiden Fällen wird das Messerblatt senkrecht zum Hackbrett gehalten.

9

10

*Das Hacken* ist eine Schnittweise, die man für Fleisch mit Knochen und andere zähe Zutaten anwendet.
*Senkrechtes Hacken* (Abb. 11). Man zielt mit dem Messer nach einem Punkt auf der Zutat und schlägt es kraftvoll hinunter. Anzuwenden für Schinken, gepökeltes Schweinefleisch.

*Nachhacken* (Abb. 12). Mit dem Messer in die Zutat hineinschneiden. Das Messer nicht zurückziehen. Zutat und Messer zusammen hochheben und beides auf das Hackbrett sinken lassen, dabei wird die Kraft auf das Messer gelegt. Zu verwenden bei Zutaten wie Schweinsfüße und Schweineschulter.

*Schlag-Hacken* (Abb. 13). Man macht einen leichten Schnitt in die Zutat, läßt das Messer an der Stelle, hält den Griff mit einer Hand und schlägt kräftig mit der anderen auf den Rücken des Messers. Zu benutzen für solche Zutaten, die klein und rund geformt sind oder glatt wie Hühnerbeine.

*11*

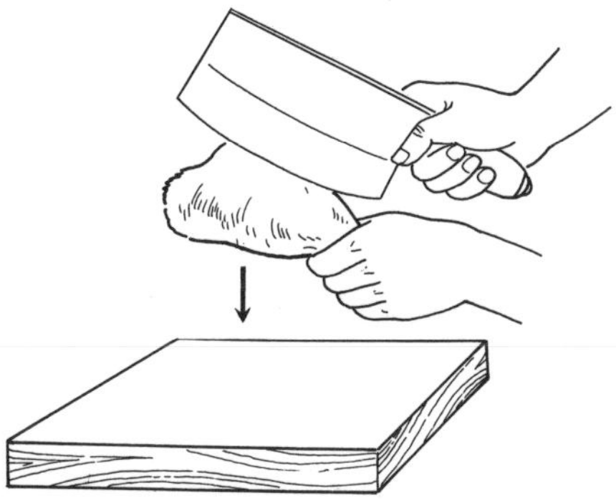

*12*

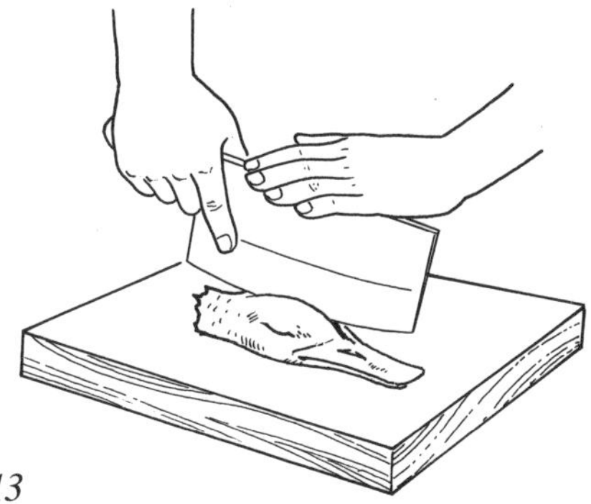

*13*

14

15

16

Schnittformen der Zutaten

Es gibt bestimmte Standard-Formen in der chinesischen Küche: Stücke, Teile, Streifen, Würfel, Scheiben, Schnitzel und Feingehacktes. Die Form hängt ab von der Eigenart der Zutat und den Erfordernissen beim Kochen.

*Das Stück.* Es gibt viele Arten von Stücken, rhombusförmig, sechseckig, rechteckig oder keilartig (Abb. 14) geformte. Man schneidet sie, indem man die Zutat zuerst in breite Streifen oder Teile schneidet und dann in kleinere Stücke nach Bedarf.

*Die Scheibe.* Scheiben sind dünne, flache Stücke der Zutat (Abb. 15). Man schneidet sie, indem man die Zutat zuerst in Teile schneidet gemäß der geforderten Größe der Scheiben. Dann schneidet man die Teile in Scheiben entsprechend der gewünschten Dicke. Die verlangte Größe einer Scheibe wird oft durch die Kochweise bestimmt.

*Streifen, Schnitzel* (Abb. 16). Streifen und Schnitzel sind ähnlich, aber die einen sind dicker und die anderen dünner. Man schneidet die Zutat in breite Scheiben. Dann schneidet man diese in Streifen oder Schnitzel. Diese sollten 3–4 cm lang sein. Zum

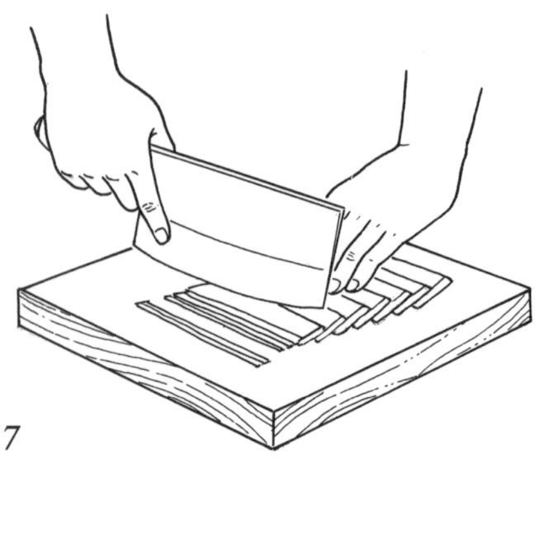

17

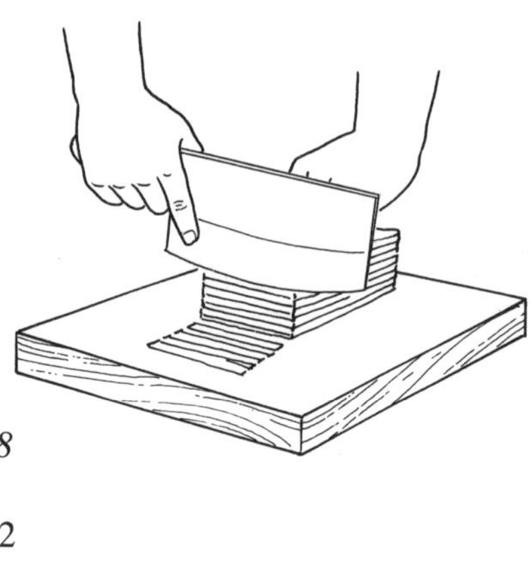

18

19

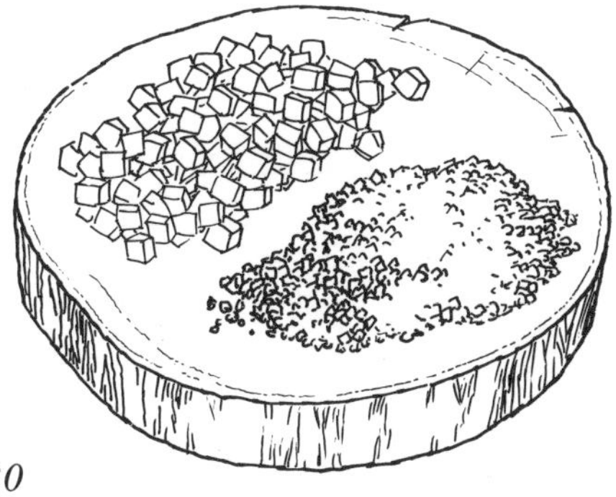

20

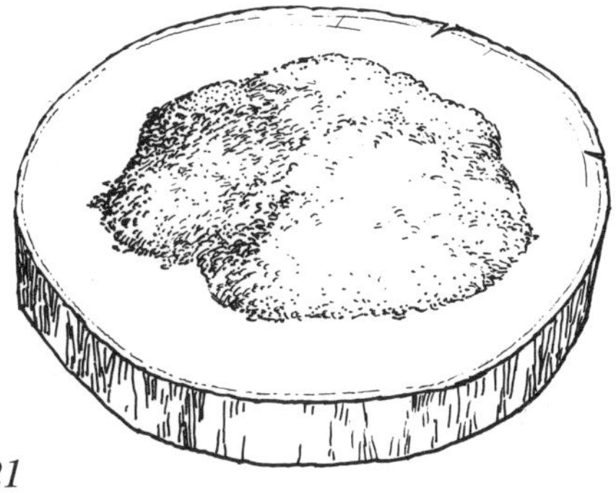

21

Schnitzeln von Zutaten gibt es drei übliche Methoden: Die Scheiben eine auf die andere legen, sich überragend wie die Ziegel auf einem Dach, und dann schneiden (Abb. 17); die Scheiben gleichmäßig übereinander schichten und dann schneiden (Abb. 18); oder die Scheiben in einen Zylinder rollen und schneiden (Abb. 19).

*Würfel, Körner und Gehacktes.* Würfel sind kleine Stücke, die man aus Streifen schneidet. Körner sind kleiner als Würfel und werden aus Schnitzeln geschnitten. Gehacktes ist die feiner als Körner geschnittene Zutat (Abb. 20). Körner und Gehacktes werden meistens zum Würzen und Färben oder zur Herstellung von Bratensoße verwendet.

*Püree.* Ein Püree ist sogar noch feiner und wird zubereitet durch ständiges Hacken und Pressen mit der flachen Seite des Messerblattes (Abb. 21).

## Die Verwendung von Zutaten

Ein Gericht wird aus einer oder mehr Zutaten hergestellt. Die Zutaten werden gewöhnlich eingeteilt in „hauptsächliche" und „zusätzliche". Die Hauptzutat ist der größere Bestandteil des Gerichtes, die zusätzlichen dienen als Ergänzung dazu.

*Die Menge* jeder Zutat hängt von der Eigenart des Gerichtes ab. Beachtet werden sollte:
– Man soll den Hauptbestandteil hervorheben: seine Farbe, sein Aroma, seinen Geschmack und seine Form.
– Wenn es zwischen den Zutaten keinen Unterschied gibt und wenn sie alle gleich wichtig sind, dann sollten sie ihrer Menge nach mehr oder weniger gleich gemischt sein.

*Der Geschmack.* Den Geschmack der Hauptzutat hervorheben. Die zusätzlichen Zutaten sollten schwächer im Geschmack sein.

– Den Geschmack von zusätzlichen Zutaten betonen, wenn die Hauptzutat einen schwächeren Geschmack hat. Stark gewürzte kleinere Zutaten werden dann die größeren ergänzen oder vollkommener machen.
– Den Geschmack der Hauptzutat durch Verwässern vermindern, wenn ihr Aroma zu stark ist.

*Das Gewebe* der verschiedenen Zutaten kann ähnlich sein. Zutaten können knusprig, bröcklig, zart, weich, hart und zäh sein. Die Strukturen sollten gut zueinander passen, knusprig zu knusprig, weich zu weich.
– Das Gewebe der Zutaten mag ungleichartig sein. Hierbei sollte dem Würzen Beachtung geschenkt werden, ebenso der Temperatur des Feuers und der Reihenfolge der Zubereitung, so daß alle Zutaten ihr eigenes Gefüge beibehalten.

*Die Form* beeinflußt das Aussehen des Gerichtes und das Kochen selbst. Gewöhnlich ist die Form der Hauptzutat die am meisten vorherrschende. Bei der Auswahl von Gerichten für eine vollständige Mahlzeit sollte es eine Mannigfaltigkeit von Formen geben – Scheiben, Würfel, Schnitzel usw. –, um Einförmigkeit zu vermeiden.

*Die Färbung* wird Einfluß haben auf die Darbietung des Gerichtes und auf seinen Geschmack. Eine einzige Farbe kann für das Gericht gewählt werden, und alle Zutaten sollen dann dazu passen. Andererseits können verschiedenfarbige Zutaten zur Kontrastwirkung gewählt werden.

## Zeit und Temperatur beim Kochen

In chinesischen Gerichten gibt es eine Vielfalt von Zutaten, deren Eigenschaften ganz verschieden sind. Aber die richtige Kontrolle von Zeit und Temperatur ist der Schlüssel zu ihrem Erfolg oder Mißerfolg. Die Technik hat sich verändert, und wir können nun beide Faktoren leichter kontrollieren, aber der traditionelle Kochherd mit Holzfeuer erlaubt doch das Folgende:

*Starke Hitze.* Die Flamme ist dabei hoch und beständig, ihre Farbe ist gelblich weiß. Es ist dies eine leuchtende und sengendheiße Hitze. Starke Hitze wird gewöhnlich für Schnellkochen, für knusprige und zarte Eßwaren verwendet. Verschiedene Arten des Bratens, Dämpfens, Dauerkochens erfordern alle starke Hitze.

*Mäßige Hitze.* Hierbei ist die Flamme niedriger und nicht so beständig, ihre Farbe ist gelblich rot. Sie ist nicht so hell wie bei starker Hitze. Mäßige Hitze kann zum Dünsten, Schmoren und Kochen benutzt werden.

*Schwache Hitze.* Die Flamme ist niedrig und unbeständig. Ihre Farbe ist bläulich grün oder dunkler. Schwache Hitze braucht man zum langsamen Kochen, das den Geschmack in alle Zutaten eindringen läßt, zum Backen und Brodeln.

*Langsame Hitze.* Die Flamme ist niedrig und gibt sehr wenig Hitze ab. Diese Hitze braucht man für sehr langsames Kochen, wodurch harte Zutaten weich werden sollen. Langsame Hitze wird zum Brodeln, Dünsten und Schmoren benutzt.

Elektrische Herde oder Gasöfen können auf starke, mäßige und schwache Hitze eingestellt werden. Aber beim Kochen darauf muß der Temperatur des Öls besondere Aufmerksamkeit gewidmet werden.

## Das Würzen

Das Würzen beim Kochen, die Hinzufügung geeigneter Gewürze zu den zu kochenden Speisen, verleiht dem Gericht Geschmack, beseitigt Fisch- oder Wildgeruch und vermindert den Fettgehalt schwerer Speisen durch komplizierte chemische und physikalische Vorgänge. Es gibt eine Mannigfaltigkeit von Saucen und Gewürzen verschiedener Art und Funktion. Einige Gewürze enthalten auch wertvolle Nährstoffe.

Die wichtigsten Saucen und Gewürze

*Bohnenquark (Dou Fu),* ein aus Sojabohnen hergestellter eiweißhaltiger Quark.

*Brauner Zucker* ist an sich ein Süßmittel für Eßwaren. Er ist auch ein Ausgleichsmittel zu Salz und gut zur Färbung.

*China-Pilze (Dung Ku).* Getrocknete dunkelbraune Pilze mit einem hervorragenden Geschmack. China-Pilze können nicht durch frische oder durch einheimische getrocknete Pilze ersetzt werden. Die Pilze zur Zubereitung 30 Minuten in warmem Wasser einweichen, dann die Stiele abschneiden, unter kaltem fließendem Wasser waschen und abtropfen lassen.

*Curry-Pulver* ist scharf und ergänzt den Geschmack einer Speise. Er eignet sich gut zu Kartoffel- und Fleischgerichten.

*Erdnußöl.* Ein für alle Zwecke geeignetes Öl mit einem Eigen-Geschmack und -Geruch. Erdnußöl kann durch jedes andere Pflanzenöl ersetzt werden, nicht aber durch Olivenöl.

*Essig,* die saure Würze, die Fisch- oder Wildgeruch beseitigt, vermindert Fettiges und macht Knochen weich. Essig ist unbedingt erforderlich für Fisch- und Rippenspeer-Gerichte.

*Fünf-Gewürze-Pulver* ist eine fertige Mischung aus Zimt, Anis, Fenchel, Lakritze und Gewürz-Nelke. Es beseitigt Fischgeruch und verbessert den Geschmack von Speisen und wird oft für Fleischgerichte und Fleischfüllungen gebraucht.

*Glutamat (Feingeschmack-Pulver),* auf Englisch mit MSG abgekürzt, da dieses Pulver aus „monosodium glutamate" besteht. Es wird hauptsächlich aus Sojabohnen oder Weizen hergestellt, absorbiert etwas Luftfeuchtigkeit und löst sich leicht in Wasser auf. Durch seinen köstlichen Eigengeschmack ist es ein nützliches Zusatzmittel. Wenn es jedoch in alkalischer Lösung (Soda oder doppeltkohlensaures Natrium) aufgelöst wird, verliert es seinen Geschmack und entwickelt ein übles Gas. Wenn es bei 150° C längere Zeit erhitzt wird, verändert es sich chemisch und wird giftig. Bei Verwendung dieses Feingeschmack-Pulvers muß man daher sorgfältig die Gebrauchsanweisung beachten. Es dient zur Geschmacksintensivierung von durchbratenen Speisen oder Suppen.

*Hoi Sin Sauce.* Eine süße braune Sauce aus Sojabohnen, der Zucker, Knoblauch, Essig und andere Gewürze beigegeben sind. Auch „Mehlpaste" genannt. Wird für gebratene oder durchgebratene Speisen gebraucht, aber auch als Tunke zu Fischgerichten. Hoi Sin Sauce ist eine der bekanntesten Saucen Chinas.

*Ingwer* ist scharf und beißend. Er merzt jeglichen Fisch- und Wildgeruch aus und wird gewöhnlich für Fleisch- oder Meeresfrüchte-Gerichte benutzt. Man verwendet nur frische Ingwerwurzeln, niemals Ingwerpulver.

*Knoblauch* ist eine starke Würze, die unangenehmen Fischgeruch beseitigt und Bakterien abtötet. Er wird zumeist für kalte Speisen sowie für Gerichte mit Meeresfrüchten, Nieren und Leber gebraucht.

*Maisstärke-Lösung.* Maisstärke (Mondamin, Gustin) mit kaltem Wasser anrühren, meist 3–4 Teelöffel.

*„Mehlpaste"* siehe Hoi Sin Sauce

*Paprika-Bohnenpaste* wird aus scharfer Paprika und Saubohnen hergestellt. Sie ist dunkelrot und scharfwürzig. Sie kann für geschmorten Fisch, Fleisch- oder Geflügelgerichte oder für gebratene Speisen verwendet werden.

*Pfeffer,* wohlriechend scharf, überdeckt Fischgeruch und wird gewöhnlich bei Meeresfrüchten verwendet.

*Salz* ist eines der grundlegenden Gewürze. Die chinesische Küche erfordert grobes, feines oder verfeinertes Salz.

癸亥冬月于北京

*Sesamöl* wird aus gerösteten und gemahlenen Sesamsamen hergestellt. Es ist sehr wohlriechend und ein ideales Öl für kalte Speisen und vegetarische Gerichte. Es kann auch in Füllungen hineingegeben oder gekochten Speisen hinzugefügt werden. Für die Rezepte dieses Buches ist nur chinesisches Sesamöl zu verwenden.

*Senf* hat einen scharfen, leicht bitterlichen Geschmack und eignet sich als Zugabe zu kalten Speisen.

*Senfgemüse.* Senfkohl oder präserviertes Gemüse aus der Dose (Kohlrabi sauer eingelegt, mit Chilipulver und Salz). Scharf!

*Sojapaste.* Eine aus Sojabohnen hergestellte braune Paste. Sie wird häufig beim Schmoren und Dünsten verwendet oder mit Gemüsefüllungen vermischt.

*Sojasoße* wird aus Sojabohnen und Salz hergestellt. Es gibt viele Arten von Sojasoßen, helle oder dunkle. Sie geben dem Gericht einen würzigen Geschmack und Farbe. Für die meisten Gerichte wird dunkle Sojasoße verwendet, für Suppen und weißes Fleisch wird die helle Sojasoße bevorzugt. Sojasoße ist lange haltbar.

*Wein,* sehr häufig gelber Reiswein oder Shaoing-Wein. Er dient dazu, Fisch- oder Wildgeruch abzuschwächen und wird für Fleisch- oder Fischgerichte verwendet. Ersatzmittel: Sherry oder Rotweine.

*Zwiebelschalotten* (oder Frühlingszwiebeln) haben einen scharfen Eigengeschmack, der Fisch- und Wildgeruch überdeckt. Sie verbessern das Aroma von Eßwaren und töten auch Bakterien ab.

## Die Reihenfolge beim Würzen

Vor dem Kochen verschafft das anfängliche Würzen der Zutat einen grundlegenden Geschmack oder beseitigt gewisse Gerüche darin. Dieses Würzen erfolgt durch Vermischen und Einrühren von Salz, Sojasoße, Essig, Glutamat, Gewürzen, Maisstärke, Kochwein oder Zucker, jeweils nach Rezept.
Während der Zubereitung verstärkt das Würzen den Geschmack der Eßwaren. Beim Kochen der Speise werden die geeigneten Gewürze je nach Rezept hinzugefügt.
Nach dem Kochen gibt zusätzliches Würzen dem Gericht den letzten Pfiff. Bei gewissen Zubereitungsmethoden, wie Durchbraten, Schnellkochen, Dämpfen oder Brodeln von Gemüsen für Salate, können Gewürze nur während der Zubereitung hinzugefügt werden.
Das Würzen nach dem Kochen kann Geschmacksmängel ausgleichen.

Ausgleich schaffen. Man sollte wissen, wie der richtige Geschmack des Gerichtes sein soll. Wenn dazu mehrere verschiedenartige Gewürze oder Würzen erforderlich sind, so lasse man den Hauptgeschmack hervortreten.
Natürliche Beschaffenheit der Zutaten. Frische Nahrungsmittel sollten nicht zu stark gewürzt werden, da sie sonst ihren ursprünglichen Wohlgeschmack verlieren. Aber Lebensmittel mit starkem Fisch- oder Wildgeruch sollten stark gewürzt werden, um ihren Geruch abzuschwächen oder ganz zu nehmen.
Rücksicht auf die Jahreszeiten. Mit den Jahreszeiten wechseln die Geschmacksneigungen. Im Sommer hat man leichte Kost gern, im Winter aber schwerere Gerichte.

## Teighüllen und Dickmittel

Teighüllen benutzt man zum Überziehen von Zutaten vor ihrer Zubereitung. Sie tragen dazu bei, daß die Nahrungsmittel Frische, Geschmack und Feuchtigkeit beibehalten. Auch geben sie der zubereiteten Speise ein knuspriges Aussehen und ein zartes und weiches Inneres. Teighüllen tragen ebenfalls dazu bei, die ursprünglichen Nährstoffe in den Speisen zu erhalten, die sonst beim Zubereitungsprozeß verlorengehen können. Schließlich verhilft der Teigüberzug auch zum Beibehalten der Form, die andernfalls bei Hitze zerbröckeln oder schrumpfen könnte.
Zur Herstellung von Teighüllen gehören als Hauptzutaten Eier, Maisstärke, Weizenmehl, Reismehl, Backpulver, Backsoda oder Brotkrumen.
Die Auswahl der Zutaten hängt von dem Gericht ab. Die folgenden sind allgemein übliche Teigarten:

*Eiweiß-Teig.* Eiweiß, Maisstärke und Salz werden für gebratene, unter Rühren gebratene oder durchgebratene Speisen verwendet. Man erreicht damit einen weißfarbigen, etwas rötlichen Teig.

*Ei- und Maisstärke-Teig.* Er besteht aus ganzen Eiern, Stärke und Salz und wird für unter Rühren gebratene oder völlig durchgebratene Speisen gebraucht.

*Teig aus geschlagenem Eiweiß,* dem Maisstärke zugesetzt wird. Dieser Teig wird für durchgebratene Speisen verwendet und sieht schneeweiß aus.

*Teig aus Wasser und Maisstärke.* Er wird für Speisen benutzt, die trocken durchgebraten oder trocken unter Rühren gebraten werden. Er wird purpurrot mit gelblichem Schein.

*Teig aus Backpulver,* dem Mehl und Wasser zugesetzt werden, dient für durchgebratene Gerichte und erzielt eine hellgelbe Färbung.

*Backsoda-Teig* wird aus Eiweiß, Stärke, Backsoda, Salz, Zucker, Glutamat und Wasser hergestellt, er wird für unter Rühren trocken gebratene Speisen verwendet. Seine Färbung ist rötlich.

*Eierteig und Überzug aus Stärke oder Mehl.* Die Eßwaren werden zuerst mit einer Schicht Maisstärke bedeckt, dann in den Eierteig getaucht. Diese Art Überzug wird für Zutaten gebraucht, die in wenig Öl gebraten werden sollen. Er nimmt eine goldgelbe Farbe an.

*Eierteig und Brotkrumen-Überzug.* Die Eßwaren werden zuerst in Teig eingehüllt und dann in Brotkrumen gerollt. Dieser wird für durchgebratene Speisen benutzt, die goldfarben gebraten werden sollen.

*Blätterteig.* Er wird aus Mehl, Bohnenquark, Schweineschmalz (oder Erdnußöl) und Wasser hergestellt, und zwar durch dreistündiges Fermentieren. Meistens wird er für ganz durchgebratene Speisen benutzt, er erreicht eine goldgelbe Färbung.

Dickmittel (eine dünne Mischung von Maisstärke und Wasser), der Speise kurz vor dem Garwerden zugesetzt, wird die Soße dicken. Die Stärkepaste dient dazu,
– die Gewürze und die Zutaten miteinander zu binden, um den Geschmack intensivieren;
– die Oberfläche der Speisezutaten glatt und weich zu machen und die Farben kräftiger erscheinen zu lassen, was das Aussehen des Gerichtes verbessert;
– einen durchsichtigen, klebrigen Überzug um die Speise herum zu schaffen, was ihre innere Hitze bewahrt, so daß sie nicht so schnell abkühlt;
– bei Suppengerichten, bei denen einige schwere Zutaten auf den Grund der Schüssel sinken, diese Zutaten gleichmäßiger verteilt in der Suppe zu belassen.
Es gibt zwei Dickmittel, dünn- und dickflüssige. Bei der dickflüssigen Paste unterscheidet man wiederum zwischen einer dickflüssigen Überzugspaste, die fest an den Zutaten haftet, so daß keine Flüssigkeit auf der Speise zurückbleibt, und einer mehr dünnflüssigen Paste, welche die Bratensoße eines Gerichtes dickt. Auch bei der dünnflüssigen Paste wird unterschieden zwischen einer Stärke-Glasur, die der im Topf zurückgebliebenen Bratensoße nach Herausnehmen der Speise hinzugegossen und dann erhitzt als Soße über das Gericht gegossen wird, und schließlich einer milchigen Paste, die dünnste, welche die Bratensoße nur leicht klebrig macht, wenn sie dem Gericht hinzugegossen wird.

南方灶火
癸亥冬月
士級寫于北京

## Koch- und Zubereitungsmethoden

In der chinesischen Küche gibt es mindestens 50 verschiedenartige Kochmethoden. Sie lassen sich grob in neun Kategorien einteilen: Schnellkochen und -dünsten, Schmoren und Dämpfen im zugedeckten Topf, Braten, Schnellbraten und unter Rühren Braten (Pfannenrühren) über starker Hitze, Braten in Öl, Dämpfen und Kochen, Backen und Räuchern, Kandieren und Schnellkochen in der Pfanne für garnierte Salate. Ein Gericht mag davon eine oder zwei oder sogar mehr Methoden erfordern. Jede wird eine andere Wirkung haben. Es folgen hier Beschreibungen von 30 allgemein üblichen chinesischen Koch- und Zubereitungsweisen. Man muß den Zutaten, seiner Kochausrüstung und anderen Bedingungen gut Beachtung schenken, diese Kocharten gewissenhaft erlernen, sie praktizieren sowie mit Lust und Liebe ausüben.

*Schnellkochen (Cuan):* Diese einfache Kochmethode wird oft zur Vorbereitung von Suppengerichten angewandt. Man kocht das Wasser oder die Brühe über starker Hitze, gibt die Zutaten hinein und würzt sie. Nach Wiederaufkochen der Suppe mit dem Kochen sogleich aufhören und sie nicht dicken; so werden die Gemüse frisch bleiben.

*Sofortiges Kochen (Shuan):* Dünn geschnittene Zutaten einige Sekunden lang in kochendes Wasser tauchen und dann mit Gewürzen dazu servieren. Diese Kochweise erhält die Zutaten frisch und zart. Und der Feuertopf, ein für China typischer Spezialtopf aus Kupfer mit eingebautem Brennofen, ist am besten dafür geeignet. Ein handelsüblicher Stahl- oder Emailtopf kann auch verwendet werden. (Rezeptbeispiel „Mongolischer ‚Feuertopf'", S. 85)

*Schmoren (Ao):* Ein wenig Öl erhitzen, bis es heiß ist, die Zutaten dazugeben (etwas Zwiebelschalotte oder Ingwer kann zuerst hineingegeben werden). Eine kleine Weile rühren, dann Brühe oder Wasser und die Gewürze hinzufügen. Über schwachem Feuer brodeln lassen. Die Speisen werden dann weich und zart sein; diese Methode eignet sich sowohl für Gerichte wie für Suppen.

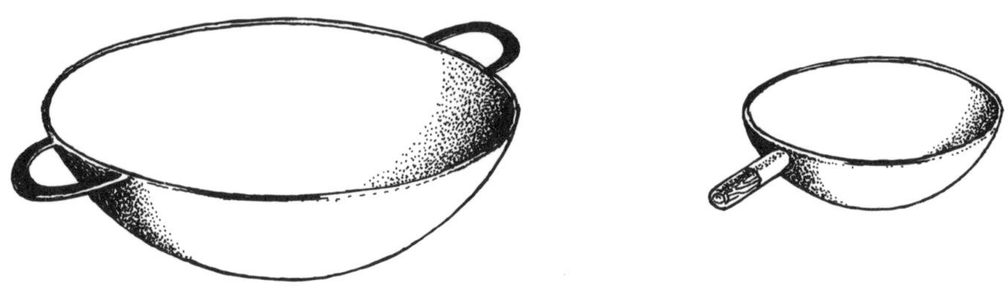

Wah, *die traditionelle chinesische Pfanne, die in allen chinesischen Küchen gebraucht wird. (Links eine große Pfanne, Durchmesser ca. 40 cm; rechts eine kleine Pfanne mit Holzgriff, Durchmesser ca. 25 cm.) Diese abgerundete Pfanne paßt über ein Holzkohlenfeuer oder auf einen speziellen Gasbrenner. Für flache Elektroplatten ist der Wah nicht geeignet. Durch die abgerundete Gefäßform wird ein Fritieren auf dem Boden ermöglicht, indem eine Tasse Öl hineingegossen und dann normal weitergebraten wird, wobei man die Menge des Öls verringert. Statt einer Wah kann bei flachen Herdplatten sowohl eine Friteuse als auch eine gewöhnliche Bratpfanne verwendet werden.*

*Dünsten (Hui):* Eine Methode zum Kochen suppiger Gerichte aus mehreren verschiedenartigen Zutaten. Ein wenig Öl in die Pfanne geben und erhitzen, bis es heiß ist. Die Zutaten hinzufügen und rühren, Brühe oder Wasser dazugeben, dann über starkem Feuer ohne Dicken die Suppe kochen. Eine andere Methode: Ein wenig Öl in einer Pfanne erhitzen, die Gewürze, dann die Brühe und danach die Zutaten hinzugeben, alles über schwachem Feuer dünsten und zuletzt die Suppe mit Stärke dicken. Oder: Zuerst die Suppe vorbereiten, dann die bereits durchgebratenen oder gedämpften Zutaten hinzugeben, über schwachem Feuer brodeln lassen und die Suppe mit Stärke dicken. (Rezeptbeispiel „Geschmortes Tintenfisch-Ragout", S. 96)

*Rohkost-Salate (Ban):* Diese erfordern kein Kochen, sondern einfach das Zuschneiden der Eßwaren, die als rohe oder gekochte Zutaten gegessen und mit Gewürzen angerichtet werden können. Diese Methode sorgt für die Erhaltung der Nährstoffe in den Speisen, und das Gericht ist schmackhaft und erfrischend. (Rezeptbeispiel „Gurke mit Zwiebelschalotte", S. 126)

*Kochsalate (Qiang):* Hierbei werden die rohen Zutaten zuerst gar gekocht oder durchgebraten und dann mit einem Sichuan-Paprika-Öl angerichtet.
Der Unterschied zwischen Rohkost-Salaten und gekochten besteht darin, daß bei Rohkost-Salaten die Eßwaren roh serviert werden unter Verwendung von Sojasoße, Essig und Sesam-Öl („Drei in eins – Öl"). Bei Kochsalaten werden die Zutaten erhitzt, und dabei wird Sichuan-Paprika-Öl benutzt.

*In Salz Eingelegtes (Yan):* Nahrungsmittel in Salz einlegen oder in Salz und Wein, oder in Salz und Kornbranntwein. Auf diese Weise vorbereitete Speisen haben einen zarten Wohlgeruch und sind frisch. Sie können Fettigkeit in anderen Zutaten ausgleichen.

*„Jian"-Braten:* Man benötigt dazu eine flache Pfanne, etwas Öl und ein mäßiges Feuer. Würzen werden dazugegeben, wenn das Gericht halb gar ist. Dieses sollte vor dem Braten gewürzt und mit einer dicken Teighülle überzogen werden. Während des Bratens muß die Pfanne hin und wieder gekippt werden, so daß die Hitze gleichmäßig verteilt wird. (Rezeptbeispiel „Fischfilet", S. 90)

*„Tie"-Braten:* Wie „Jian"-Braten, aber es wird nur eine Seite gebraten. Die Speise wird daher nicht gewendet, so daß nur eine Seite goldgelb wird und die andere zart und weich bleibt.

*„Ta"-Braten:* Die Zutaten werden mit Teig überzogen und auf beiden Seiten über schwachem Feuer in einer kleinen Menge Öl gebraten, bis sie gar sind. Sie können zuerst in heißem Öl vorgebraten und dann „Ta" gebraten werden. Würzen und Soße werden während des Bratens dazugegeben.

北方灶火 癸亥冬月
士俶作于北京

*„Zha"-Durchbraten:* Die Speisen werden in einer großen Menge Öl über starker Hitze gebraten. Es gibt verschiedene Varianten des Durchbratens:

– Reines Durchbraten: Die rohen Zutaten werden nicht mit Teig oder Mehl überzogen. (Rezeptbeispiel „Gebratenes Lotos-Ei", S. 118)

– Trockenes Durchbraten: Die rohen Zutaten werden mit trockenem Mehl oder Stärkemittel überzogen. (Rezeptbeispiel „Gebratene Shrimps-Klöße", S. 100)

– Weiches Durchbraten: Die rohen Zutaten werden mit Teig überzogen. (Rezeptbeispiel „Durchgebratene Flußkrebse oder Riesengarnelen in Soße", S. 97)

– Knuspriges Durchbraten: Die rohen Zutaten werden zuerst gekocht oder gedämpft und dann zum Knusprigwerden durchgebraten. (Rezeptbeispiel „Knusprig gebratenes Huhn", S. 107)

*„Liu"-Braten:* Das ist eine spezielle Technik, zu der zwei Stufen gehören: Durchbraten oder Schnellkochen, Dämpfen oder Kochen der Zutaten, bis sie gar sind, und dann Würzen für eine Soße mischen, z.B. entweder

– dunkelbraune Soße: Die Soße über Gekochtes oder Gebratenes gießen und servieren. (Rezeptbeispiel „Samtige Schweinefleisch-Scheiben", S. 80)

– Klare Soße: Die rohen Zutaten durchbraten, bis sie halb gar sind, dann die Soße übergießen, dabei kräftig durchrühren.

– weiche Soße: Die Zutaten dämpfen oder kochen und während sie noch heiß sind, eine dünnflüssige und wohlschmeckende Soße darübergießen.

*Pfannenrühren (Chao):* Die Zutaten in heißem Öl über starkem Feuer unter Rühren (schnell wenden oder schwenken) braten. Diese Methode wird häufig angewendet und hat viele Abwandlungen:

– Einfaches Pfannenrühren: Bei der Vorbereitung werden keine Teighüllen verwendet. Die Zutaten werden unter Rühren gebraten und gewürzt. (Rezeptbeispiel „Sautierte Keimlinge von grünen Sojabohnen", S. 57)

– Zuvor Gekochtes Pfannenrühren: Eine einzige Zutat wird vorher gekocht und dann in kleinere Stücke geschnitten und mit anderen Zutaten und Würzen unter Rühren gebraten.

– Weiches Pfannenrühren: Die hauptsächlichen und zusätzlichen Zutaten werden getrennt unter Rühren gebraten und dann unter Beigabe von etwas Soße und einem Dickmittel vermischt und nochmals unter Rühren gebraten.

Bei all diesen Methoden über starkem Feuer kurze Zeit braten.

*Schnellbraten (Boa):* Diese Methode gleicht in vielem dem Pfannenrühren. Die Zutaten werden zuerst durchgebraten oder schnell gekocht, danach unter Rühren gebraten. Die Würzen müssen vorher vorbereitet sein, und die Kunst liegt darin, im richtigen Moment jede Kochstufe in schneller Reihenfolge durchzuführen. Zu den Abwandlungen gehören Schnellbraten in Öl, in einer dickflüssigen Soße, mit Salz und mit grünen Zwiebeln.

*„Peng"-Braten:* Das ist eine der wichtigen Kochtechniken, und sie wird stets in Verbindung mit „Zha"-Durchbraten angewandt. Man gibt niemals etwas Soße zu, ohne es zuvor durchgebraten zu haben. Beim „Peng"-Braten werden die Zutaten zuerst in kleine Stücke geschnitten und durchgebraten. Dann werden sie aus dem Öl herausgenommen und eine Soße wird hinzugefügt, während die Zutaten noch heiß sind. Danach ein Weilchen Pfannenrühren, die Pfanne vom Feuer nehmen und servieren. Die durchgebratenen Zutaten können auch in Teig gehüllt werden (Rezeptbeispiel „Durchgebratene Flußkrebse oder Riesengarnelen in Soße", S. 97)

*„Dun"-Schmoren:* Es gibt zwei Arten, Schmoren im Wasser und Schmoren ohne Wasser. Zu letzterem gehört eine doppelte Kochtechnik, wobei nur die Zubereitung in einem kochenden Wasserbad erfolgt. Schmoren im Wasser bedeutet hier, daß die Zubereitung der Zutaten im Wasser erfolgt.

*Langsames Kochen (Wei):* Das ist beinahe dasselbe wie Schmoren (im Wasser). Der Unterschied besteht in der Auswahl der Zutaten. Diese Methode wird für zähe Fleischarten angewandt, die lange Zeit auf schwachem Feuer zubereitet werden müssen, um weich zu werden.

*„Men"-Dünsten:* Die Speisen müssen zuerst gebraten werden, danach werden alle Zutaten in einem dicht geschlossenen Topf über schwachem Feuer gedünstet.

*„Lu"-Schmoren in Bratensoße:* Die Bratensoße wird zuerst hergestellt (siehe Rezepte für Bratensoße S. 53), danach werden die Zutaten in der Bratensoße über schwachem Feuer geschmort (Rezeptbeispiel „Gekochte Ente", S. 132).

*„Jiang"-Schmoren:* Diese Methode ist dem „Lu"-Schmoren ähnlich, aber die dabei verwendeten Zutaten sind vorher in Salz eingelegt worden. Dann werden sie in einer dickflüssigen Sojabohnen-Soße geschmort, bis sie gar sind. Die Soße kann gedickt werden und wird mit dem Gericht serviert (Rezeptbeispiel „Geschmorte Schweineschulter", S. 128).

*„Shao"-Schmoren:* Eine weitverbreitete Methode, bei der das Fleisch in kleine Stücke geschnitten wird. Zuerst wird es gebraten, durchgebraten oder gekocht oder gedämpft, bis es halb gar ist. Dann werden Gewürze, Brühe oder Wasser beigegeben. Alles wird zum Kochen gebracht und über schwachem Feuer brodeln lassen. Diese Methode hat viele Varianten, die gebräuchlichste ist Schmoren in Sojasoße, wobei außer Sojasoße, Ingwer, Kochwein und Zucker die Hauptwürzen sind (Rezeptbeispiel „Schmorfisch mit brauner Soße", S. 92).

*„Pa"-Schmoren:* Bei dieser Art muß zuerst der Topf „gewürzt" werden, indem darin Zwiebelschalotten und Ingwer in heißem Öl gebraten werden. Danach werden die

Zutaten in den Topf gegeben und geschmort, bis sie gar sind (Rezeptbeispiel „Gedämpftes Hammelfleisch“, S. 85).

*Kochen.* Man kocht die Zutaten unmittelbar in Wasser, z.B. bei Suppen.

*Dämpfen.* Eine Methode, die weitverbreitet ist, nicht nur zum Kochen, sondern auch zur Behandlung roher Zutaten, um diese warm zu halten, nachdem sie zubereitet sind. Es gibt zwei Arten des Dämpfens: Dämpfen in klarer Brühe und Dämpfen mit Reismehl, entsprechend dem jeweils zu kochenden Gericht (Rezeptbeispiel „Gedämpfte Krebse“, S. 98).

*Rösten.* Die Zutaten werden zuerst eingelegt und danach in einem Bratofen geröstet, wobei zwischen zwei Röstarten unterschieden wird. Bei ersterer wird in einem geschlossenen Ofen geröstet. Dazu wird das Fleisch an einem Haken aufgehangen oder aufgespießt, oder es wird auf eine Einsatzplatte (oder ein Blech) in dem geschlossenen Ofen gelegt (Rezeptbeispiel „Geröstete Peking-Ente“, S. 115).
Bei der anderen Methode wird über offenem Feuer geröstet. Das Fleisch wird über dem Feuer aufgehangen oder aufgespießt und zum gleichmäßigen Rösten gewendet.

*Räuchern* erfolgt durch Hitze und Rauch. Als Brennmaterial dienen Sägespäne, Teeblätter, Zypressen-Zweige, Bambusblätter oder gekörnter Zucker.

*Backen in Lehm* ist eine einzigartige Zubereitungsweise. Die zuvor eingelegten Zutaten werden in Schweineschmalz und Lotosblätter eingewickelt und mit einer dicken Schicht von Lehm überzogen. Danach wird alles über offenem Feuer gebakken, bis es gar ist. Das Gericht bewahrt so seine ursprünglichen eigenen Säfte.

*Kandieren.* Die Hauptzutaten (Früchte, Nüsse oder Süßkartoffeln) werden durchgebraten, gedämpft oder gekocht. Das Kandieren erfolgt durch Auflösen von weißem Zucker in ein wenig heißem Öl. Diese Lösung wird gerührt, bis sie goldgelb ist, und dann über das zubereitete Gericht gegossen. Dieses muß darauf Stück für Stück in kaltes Wasser getaucht werden, wonach es mit langen dünnen Zuckerfäden aus der Schüssel genommen wird. Als Nachspeise zu servieren (Rezeptbeispiel „Kristallisierte Äpfel“ S. 124).

*Zuckerguß.* Diese Zubereitungsweise wird für kalten Nachtisch bevorzugt. Die Speise wird zuerst durchgebraten und dann in weißem Zucker gerollt. Dieser wird zuvor in kochendem Wasser oder Öl aufgelöst, danach wird die Speise in diese Lösung getaucht. Beim Abkühlen wird sie dadurch mit einem weißen Zuckerguß überzogen.

*Honigsirup-Guß.* Es gibt zwei Methoden zur Herstellung von Honigsirup. Eine besteht darin, weißen Zucker in ein wenig Öl über starker Hitze aufzulösen, dann Wasser oder

扁豆蘑菇
士佩于北京

Honig hinzuzufügen, die Hauptzutat hineinzugeben und sie zu braten, bis sie gar ist. Der Sirup sollte durch das Erhitzen von selbst gedickt werden. Diese Methode eignet sich sehr gut für Bananen oder China-Jam in Honigsirup, die durch Braten sehr leicht weich werden (Rezeptbeispiel „Honig-Jamswurzeln", S. 121).
Als Variante kann man die Hauptzutat mit weißem Zucker, Kandiszucker oder Honig dämpfen, bis sie gar ist. Den Sirup läßt man abtropfen und dickt ihn durch Erhitzen in einer Pfanne, wonach er über die Zutat zurückgegossen wird. Diese Methode eignet sich für Zutaten, die zum Weichwerden längere Zeit brauchen, wie Schinken oder Lotos-Samen.

蔬菜
癸亥年士俶寫于北京

癸亥冬月于北京

# Bratensoßen

## Rote Guangzhou (Kanton)-Bratensoße

*2,5 l kochendes Wasser, 500 ml Sojasoße, 250 ml Kochwein, 350 g Kandiszucker, 35 g Salz, 15 g Anis-Samen, 15 g Lakritzen-Wurzel, 15 g China-Zimt, 15 g Äpfel, 7,5 g Ingwer, 7,5 g Sechuan-Pfefferkörner, 7,5 g Gewürznelke*

## Weiße Guangzhou-Bratensoße

Alle obigen Zutaten außer Sojasoße und Kandiszucker. Salzmenge auf 125 g erhöhen.

## Bratensoße in den nördlichen Gegenden der südchinesischen Provinzen Jiangsu und Zhejiang.

*2,5 l kochendes Wasser, 500 ml Sojasoße, 50 g Salz, 500 g weißer Zucker, 350 ml Kochwein, 125 g Zwiebelschalotten, 35 g Anissamen, 35 g chinesischer Zimt, 60 g Ingwer*

Zubereitung
Die Gewürze in ein Gaze-Beutelchen füllen, zusammenbinden und in den Kochtopf legen. Dann Sojasoße, Salz, Zucker, Kochwein, Zwiebelschalotten und Ingwer hinzutun. (Falls rotes Reismehl zugesetzt wird, dieses zweimal in kochendem Wasser einweichen, bevor es in den Gaze-Beutel getan wird.) Bei schwacher Hitze im Wasser zum Kochen bringen. Wenn Wohlgeruch ausströmt, d.h. wenn sich die „rote" Bratensoße dunkelbraun färbt, ist die Bratensoße fertig.

Soll Bratensoße aufbewahrt werden, wird der fettige Schaum abgeschöpft und der Bodensatz ausfiltriert. Danach wird sie nochmals erhitzt und kann im Kühlschrank über einen längeren Zeitraum aufbewahrt werden. Bratensoße kann immer wieder verwendet werden. Je älter sie ist, desto köstlicher schmeckt sie.

## Brühen

Brühen sind die Grundlagen für viele Speisen. Bei einem Bankett und zu fast allen Gerichten wird eine klare Brühe verwendet. Ein ganzes Huhn (ein „Fleischhuhn“ oder ein „Suppenhuhn“) mit kochendem Wasser überbrühen und abtropfen lassen. Das Huhn in etwa 3 l Wasser bei schwacher Hitze in einem geschlossenen Topf kochen lassen. Je nach Geschmacksrichtung können eine in Stücke geschnittene Stange Zwiebelschalotten, geschälte und in Stücke geschnittene Ingwerwurzel, eine geschälte und in grobe Stücke geschnittene Sellerieknolle mitgekocht werden. Wenn das Huhn gar ist, wird es herausgenommen und die sehr schmackhafte, aber nicht fettige Brühe durch ein feines Sieb geseiht. Nach dem Abkühlen im Kühlschrank aufbewahren oder auch einfrieren. (Hühnerbrühewürfel kennt man in China nicht!) Eine Schweinebrühe kann auf die gleiche Art zubereitet werden. Statt des Huhns nimmt man ein großes Stück Schweinefleisch.

## Fladen

In Nordchina werden statt Reis hauchdünne Fladen gereicht, vergleichbar unseren Pfannkuchen.

500 g Weizenmehl werden mit Wasser zu einem Teig verrührt, der weder zu fest noch zu weich sein sollte. Der Teig wird zu einer Rolle geknetet, die in drei bis vier cm breite Scheiben geschnitten wird. Die runden Stücke flach kneten und einseitig mit etwas Pflanzenöl bestreichen. Je zwei Stücke auf den mit Öl bestrichenen Seiten zusammenlegen und mit einem Nudelholz ausrollen. Eine Pfanne über schwache Hitze stellen und etwas Pflanzenöl hineingießen. Die Fladen eine Seite nach der anderen braten, bis sie gar sind. Beim Essen werden die Fladen auseinandergerissen und die Fleisch- oder Geflügelstücke zwischen die beiden Teile gelegt und gegessen.

豐收時節

## Kohl in Rahmsoße

Vorbereitung
Die Herzen des Kohls waschen und in 12 cm lange und 1 cm breite Streifen schneiden.

Zubereitung
Den Kohl in eine Pfanne legen, Stengel unten, Blätter oben. Mit genügend kochendem Wasser überdecken. Kochen, bis alles weich ist, und aus dem Wasser nehmen.
Das Öl in einer Pfanne über starkem Feuer erhitzen. Den zerhackten Lauch zum Würzen hinzufügen und dann Kochwein, Hühnerbrühe und Salz dazugeben. Zum Kochen bringen. Dann den Kohl hinzufügen.
Über kleiner Flamme schmoren lassen. Der Kohl benötigt genügend Zeit, um die Würze aufzusaugen. Dann kommen Milch und das Glutamat hinzu, und zuletzt wird die aufgelöste Maisstärke eingerührt. Schließlich heißes Öl auf den Kohl sprenkeln, bevor die Pfanne vom Feuer genommen wird. In eine tiefe Schüssel füllen und servieren.

## Pa Nai Bai Cai

*250 g Herzen von China-Kohl, 100 ml Milch, 5 ml Kochwein, 50 ml Pflanzenöl, 200 ml Hühnerbrühe, Salz nach Geschmack, zerhackter Lauch (Porree), Glutamat nach Geschmack, kochendes Wasser, 25 ml Maisstärke, in kaltem Wasser aufgelöst*

## Unter Rühren gebratener Kohl

Vorbereitung
Paprika putzen und Samen entfernen. Kohl und Paprika waschen und in Streifen schneiden.

Zubereitung
Öl in einer Pfanne über großer Flamme erhitzen, bis es raucht. Kohl und Paprika hinzufügen und einige Sekunden schnell unter Rühren braten. Die Hühnerbrühe dazugeben und noch einige Sekunden rühren. Salz und Glutamat hinzufügen und weiterrühren, bis Kohl und Paprika gar sind. Sie sollten zart und dennoch knusprig sein. Auf einen Teller schütten und servieren.

## Chao Bao Cai Si

*500 g Kohl, 50 g grüne Paprika, 150 ml Pflanzenöl, 1,5 g Glutamat, 1,5 g Salz, 50 ml Hühnerbrühe*

## Kai Yang Shao Cai Xin

*1000 g China-Kohl*), 5 ml Kochwein, 30 g Bambussprossen (in Dosen), 5 g Salz, 10 g getrocknete Krabben, 0,5 g Glutamat, 35 ml Pflanzenöl, 250 ml Hühnerbrühe*

## Gedünsteter Kohl

Vorbereitung

Die welken Blätter entfernen und die Wurzelenden des Kohls abschneiden. Die Blätter abschneiden und nur die Stengel (etwa 3 cm lang) behalten. Die Kohlherzen (etwa 600 g) herausnehmen, waschen und abtropfen lassen. Die Bambussprossen in Scheiben (4 × 1,5 × 0,3 cm) schneiden. In einer kleinen Schale die getrockneten Krabben in Wasser (25 ml) 30 Minuten einweichen.

Zubereitung

Das Pflanzenöl in einer Pfanne über starkem Feuer erhitzen, bis es raucht. Die Kohlherzen hineinschütten. Fünf Minuten unter Rühren braten und die Bambussprossen, Krabben und Salz hinzufügen. Fünf weitere Minuten rühren, den Kochwein und die Hühnerbrühe hinzutun.

Die Kohlherzen über einer mittleren Flamme dünsten, bis alle ganz gar sind. Glutamat dazugeben und rühren. In eine Schüssel füllen und servieren.

*) Statt China-Kohl können auch andere grüne Gemüse verwendet werden.

## You Men Qie Zi

*375 g Eierpflanze, 0,6 g Glutamat, 9 ml Kochwein, 1,5 g zerhackte Zwiebelschalotte, 27,5 ml Sojasoße, 1,5 g feingehackter Ingwer, 12,5 g Zucker, 90 ml Hühnerbrühe, 15 ml Pflanzenöl, 500 ml Pflanzenöl für gründliches Braten (45 ml verbraucht), 5 g braune Bohnenpaste*

## Geschmorte Eierpflanze (Aubergine)

Vorbereitung

Die Eierpflanze waschen und in kleine keilförmige Stücke von der Größe einer Wasserkastanie schneiden.

Zubereitung

Eine Pfanne über starkem Feuer erhitzen und die 500 ml Pflanzenöl hineingießen. Das Öl erhitzen bis zum Brodeln und die Eierpflanze hineingeben. Gründlich braten, bis sie weich wird. Herausnehmen und abtropfen lassen.

Das Öl abziehen, bis es nur noch den Boden der Pfanne bedeckt und diese über starkem Feuer erhitzen. Die zerhackte Zwiebelschalotte, den feingehackten Ingwer und die Hühnerbrühe hinzufügen, dann die gebratene Eierpflanze, Wein, Sojasoße, Zucker und braune Bohnenpaste dazugeben. Auf schwachem Feuer 1 bis 2 Minuten brodeln lassen. Die Hitze für einige Sekunden erhöhen. Glutamat und 15 ml Pflanzenöl hinzufügen. Die Pfanne einige Male schütteln und das Gericht auf einen Teller schütten und servieren.

## Unter Rühren gedünsterer Sellerie

## Chao Qin Cai

*500 g Stauden-Sellerie, 15 ml Pflanzenöl, 15 ml Sojasoße, 2,5 g Salz, Pfefferkörner nach Geschmack, Zwiebelschalotten, fein zerhackt, nach Geschmack*

Vorbereitung
Die Wurzeln abschneiden und die Blätter abreißen. Nur die Stiele behalten, wobei ihre starken Adern entfernt werden. Die Stiele waschen und abtropfen lassen, in etwa 3 cm lange Stücke schneiden.

Zubereitung
Das Öl in einer Pfanne über starkem Feuer erhitzen. Pfeffer hineintun und gründlich dünsten, dann herausfischen und weglegen. Die Zwiebelschalotten hineingeben und eine kleine Weile dünsten. Dann die Sellerie hineintun und unter Rühren dünsten. Sojasoße und Salz dazugeben, unter Rühren dünsten und eine Weile brodeln lassen. Dann herausnehmen, in eine Schüssel schütten und servieren.

## Blumenkohl auf einem „Lotosblatt“

## Fu Rong Cai Hua

*250 g Blumenkohl, Eiweiß von vier Eiern, 10 ml Kochwein, 15 g Salz, 10 ml Schweineschmalz, Glutamat nach Geschmack, Hühnerbrühe oder Wasser zum Kochen des Blumenkohls*

Vorbereitung
Den Blumenkohl in kleine Stücke von der Größe frischer Champignons brechen und waschen.

Zubereitung
Eiweiß mit einer Hälfte des Weins, Salz und ein bißchen Wasser in einer Suppenschale mischen, gründlich rühren. Die Suppenschale in einen Dampfkochtopf stellen und 4 bis 5 Minuten kochen. Herausnehmen und warmhalten.
Schweineschmalz in einer Pfanne erhitzen, den Rest des Weins, Salz, Hühnerbrühe oder Wasser hineinschütten und die Stücke des Blumenkohls in der Brühe kochen, bis sie gar sind. Glutamat hineintun. Dann die Blumenkohlstücke auf dem „Lotos“ des gedämpften Eiweißes arrangieren. Die Brühe über den Blumenkohl gießen und servieren.

## Sautierte Keimlinge von grünen Sojabohnen

## Sheng Chao Lü Dou Ya

*300 g Keimlinge, 50 ml Erdnußöl, 2,5 g Salz, 1,5 g Glutamat*

Vorbereitung
Die Wurzeln der Keimlinge entfernen, waschen und abtropfen lassen.
Die Keimlinge in eine Schale tun, Salz und Glutamat dazugeben und schütteln.

Zubereitung
Das Öl in einer Pfanne erhitzen, bis es raucht. Die Keimlinge dazugeben und unter Rühren braten, bis sie zart und knusprig sind. Auf einer Platte servieren.

## Dong Gu Cai Xin

*750 g Chinakohl-Herzen, 200 g getrocknete China-Pilze, 15 ml Sojasoße, 10 g Zucker, 5 g Glutamat, 125 g Schweineschmalz, 125 ml Hühnerbrühe, 5 g Salz, 5 ml Sesamöl, 35 ml Maisstärke (in kaltem Wasser aufgelöst)*

## China-Pilze und Kohlherzen

Vorbereitung

Jedes Kohlherz waschen und in vier Stücke schneiden. Die Pilze in warmem Wasser 30 Minuten einweichen. Die harten Stiele mit einem scharfen Messer abschneiden.

Zubereitung

25 g Schweineschmalz in einer Pfanne über starkem Feuer erhitzen, bis es raucht. Die Kohlherzen hineintun und für eine Weile Pfannenrühren. 75 ml Hühnerbrühe, Salz, 5 ml Sojasoße, 5 g Zucker und 2,5 g Glutamat dazugeben. Unter Rühren braten, bis der Kohl gar ist, und 15 ml in kaltem Wasser aufgelöste Maisstärke hinzutun. In eine Anrichteschüssel füllen.

Den Rest des Schweineschmalzes in einer sauberen Pfanne erhitzen, bis es heiß wird. Die Pilze hineingeben und rühren. Die Reste der Sojasoße, Hühnerbrühe, Zucker und Glutamat dazugeben. Brodeln lassen, Maisstärke-Lösung hineintun und noch eine Minute brodeln lassen. Sesamöl darauf sprenkeln, alles herausnehmen, auf die Kohlherzen gießen und servieren.

## Chao Shuang Dong

*300 g getrocknete China-Pilze (Dung-Ku), 300 g Bambussprossen (in Dosen), 10 ml Sesamöl, 10 g Zucker, 5 g Glutamat, 25 ml Sojasoße, 150 ml Hühnerbrühe, 50 ml Erdnußöl, Maisstärke, gelöst in kaltem Wasser*

## Sautierte China-Pilze und Bambussprossen

Vorbereitung

Die China-Pilze in warmem Wasser 30 Minuten einweichen. Dann die harten Stiele abschneiden. Unter kaltem fließenden Wasser waschen und abtropfen lassen. Die Bambussprossen in Stücke (2 × 1 cm) schneiden.

Zubereitung

Das Öl in einer Pfanne über starkem Feuer erhitzen, bis es raucht, die China-Pilze und die Bambussprossen hineingeben. Vor dem Hinzufügen von Sojasoße und Zucker für einige Sekunden Pfannenrührend braten. Gut rühren und dann Hühnerbrühe hineingießen. Das Feuer auf schwache Hitze reduzieren und für etwa 2 Minuten brodeln lassen. Glutamat und Maisstärke-Lösung hinzutun. Rühren und Sesamöl sprenkeln, auf eine Platte füllen und servieren.

一九八三年士俶作于北京

## Chao Dong Dong Qing

*250 g Spitzen von Winter-Bambussprossen (in Dosen), 75 g getrocknete China-Pilze, 250 g Kohlherzen, 2,5 g Salz, 1,5 g Glutamat, 250 ml Hühnerbrühe, 15 ml Maisstärke-Lösung (in kaltem Wasser aufgelöst), 500 ml Erdnußöl oder Pflanzenöl für gründliches Braten (100 ml verbraucht)*

## Sautiertes grünes Gemüse des Winters

Vorbereitung

Die getrockneten China-Pilze in warmem Wasser für 30 Minuten einweichen. Die harten Stiele abhacken und die Pilze in Scheiben schneiden. Die Spitzen der Bambussprossen abbrechen und in 4,5 cm lange und 1 cm dicke Scheiben schneiden. Die Kohlherzen waschen und die Blätter stutzen.

Zubereitung

Das Öl in einer Pfanne über starkem Feuer erhitzen, bis es brodelt. Die Bambussprossen und den Kohl getrennt hineingeben. Gründlich braten und herausfischen. Alles Öl außer 25 ml wegschütten. Die Pfanne auf starkes Feuer setzen. Hühnerbrühe hineingießen. Die Bambussprossen und China-Pilze dazugeben, die Pfanne bedecken und für etwa 2 Minuten brodeln lassen. Dann Kohl, Salz und Glutamat hinzufügen. Gut rühren, Maisstärke-Lösung hineintun. Rühren und dann in einer Schüssel servieren.

## Zha Luo Bo Wan Zi

*250 g Rettiche, 1 Ei, 200 g Bohnenmehl, 50 ml Erdnußöl (oder Pflanzenöl), 500 ml Erdnußöl (oder Pflanzenöl) für gründliches Braten, schwarzer Pfeffer nach Geschmack, Salz nach Geschmack, fein zerhackte Zwiebelschalotten nach Geschmack, fein zerhackter Ingwer nach Geschmack, Fünf-Gewürze-Pulver nach Geschmack*

## Gründlich gebratene Rettich-Ballen

Vorbereitung

Die Rettiche waschen und fein zerkleinern. Salz, Schalotten, Ingwer und eine Prise vom Fünf-Gewürze-Pulver dazugeben und mischen. Ei und Bohnenmehl zu einer Paste vermischen und dem Rettich-Gemisch hinzufügen. Dieses in kleine Ballen rollen.

Zubereitung

Das Öl für gründliches Braten in einer Pfanne über starker Flamme erhitzen, bis es raucht. Die Rettich-Ballen gründlich braten. Wenn sie goldbraun werden und das Innere gut durchgebraten ist, sind sie gar. Herausnehmen und abtropfen lassen. Auf eine Platte legen, schwarzen Pfeffer und Salz auf das Gericht sprenkeln und servieren.

## Xiang La Tu Dou

*250 g Kartoffeln, 100 g eingelegter Senfkohl, 10 g Salz, 20 ml Erdnußöl (oder Pflanzenöl), getrocknete scharfe Chilischoten, zerhackt, nach Geschmack; zerhackte Zwiebelschalotten*

## Scharf gewürzte Kartoffeln

Vorbereitung

Die Kartoffeln schälen und waschen. Sie in Würfel von einem Kubikzentimeter schneiden. Den Senfkohl in kleine Stücke zerhacken.

Zubereitung

Das Öl in einer Pfanne über starker Flamme erhitzen und die Kartoffeln braten, bis sie gar sind. Die Kartoffeln herausnehmen und das Öl in der Pfanne belassen. Getrocknete scharfe Chilischoten dazugeben und unter Rühren dünsten. Die Zwiebelschalotten und den Senfkohl hinzufügen. Unter Rühren dünsten, bis sie gar sind, und dann die Kartoffeln hinzutun. Pfannenrührend braten, bis alles gut vermischt ist. Auf einer Platte servieren.

## Sautierte zerschnitzelte Kartoffeln

## Chao Tu Dou Si

*400 g Kartoffeln, 25 ml Pflanzenöl, 15 ml Sojasoße, 4 g Salz, 5 ml Essig, zerhackte Zwiebelschalotten, Pfefferkörner nach Geschmack*

Vorbereitung
Die Kartoffeln schälen und waschen. In Schnitzel schneiden.

Zubereitung
Die Kartoffeln in kochendem Wasser einige Sekunden blanchieren und abtropfen lassen. Das Öl in einer Pfanne über starker Flamme erhitzen, bis es raucht. Zerkleinerte Zwiebelschalotten und Pfefferkörner dazugeben und unter Rühren braten. Kartoffelschnitzel hineintun und gut rühren. Sojasoße, Salz und Essig hinzutun. Gut rühren. Auf einer Platte servieren.

Variante
Fleisch kann diesem Gericht hinzugefügt werden, in Scheiben, Schnitzel oder Würfel geschnitten (100 g Fleisch für 250 g Kartoffeln). Grüne Paprika, Mohrrüben, getrocknete China-Pilze, getrockneter gesalzter Kohl, Bambussprossen, Gurken und andere Gemüse können ebenfalls hinzugefügt werden.

## Unter Rühren gebratener Mian Jin und Krabbenlaich

## Xia Zi Mian Jin

*40 You Mian Jin*, eine Art in Öl gebratene Kleberklöße, 15 g Garnelenlaich**, 20 g getrocknete China-Pilze, 25 g Bambussprossen, 2,5 g Zwiebelschalotte, in Scheiben geschnitten, 5 g Salz, 10 g Zucker, 10 g Glutamat, 25 ml Kochwein, 10 ml Sojasoße, 2,5 ml Sesamöl, 50 g Schweineschmalz, 300 ml Brühe (*Kloß aus Kleber, einer klebrigen Eiweißmasse im Getreidekorn, bes. im Weizen; **aus getrocknete Eier, von Garnelen abgelegt.)*

Vorbereitung
Die Bambussprossen in Scheiben schneiden. Die Pilze in warmem Wasser für 30 Minuten einweichen. Dann herausnehmen und die harten Stiele abhacken. Die Pilze unter kaltem fließendem Wasser waschen. Mit einem Finger ein Loch in jeden der You Mian Jin bohren.

Zubereitung
Eine Pfanne über starke Hitze setzen. Das Schweineschmalz erhitzen und die Zwiebelschalotte darin schwenken. Den Wein, die Brühe, den Krabbenlaich, die You Mian Jin, die Bambussprossen und Pilze dazugeben und rühren. Salz, Sojasoße, Glutamat und Zucker hinzutun. Zum Kochen bringen, dann das Feuer auf mittlere Hitze reduzieren. 5 Minuten brodeln lassen. Wenn die gebratenen Mian Jin weich sind, das Sesamöl und Maisstärke hineingießen und leicht rühren. In einer Schüssel servieren.

## Zhi Wu Si Bao

*75 g frische Champignons, 100 g Bambussprossen (in Dosen), 75 g getrocknete China-Pilze, 25 g frische grüne Sojabohnen-Keimlinge, 10 g Zucker, 1 g Glutamat, 1 g Salz, 5 ml Maisstärke-Lösung (in kaltem Wasser aufgelöst), 100 ml Hühnerbrühe, 10 ml Sesamöl, 500 ml Pflanzenöl für gründliches Braten (65 ml verbraucht)*

## Vier kostbare Pflanzen

Vorbereitung

Die getrockneten China-Pilze in warmem Wasser für 30 Minuten einweichen. Die frischen Champignons, die eingeweichten China-Pilze und die Bambussprossen in 2 cm lange und 0,3 cm dicke Scheiben schneiden.

Zubereitung

Eine Pfanne über starkem Feuer erwärmen und dann das Pflanzenöl hineingießen. Das Öl erhitzen, bis es brodelt. Champignons, China-Pilze und Bambussprossen hinzufügen und für eine Minute gründlich braten. Mit einem Seiher herausnehmen und abtropfen lassen.

Alles Öl außer 2,5 ml wegschütten und die Pfanne über starkes Feuer setzen. Die Champignons, China-Pilze, Bambussprossen und grünen Sojabohnen-Keimlinge zugeben. Rühren. Zucker, Salz und Hühnerbrühe hinzufügen. Zum Kochen bringen. Glutamat dazugeben. Das Feuer auf mittelstarke Hitze reduzieren und für eine Minute brodeln lassen. Maisstärke-Lösung hinzutun, rühren und Sesamöl auf alles sprenkeln. In einer Schüssel servieren.

## Gan Shao Sun

*300 g Bambussprossen, 25 g Salzgemüse (in Salz eingelegter Kohl) mit Paprika, 25 g chinesischer gesalzener Schinken, 5 g getrocknete Krabben, frische scharfe Paprika, fein zerhackt, nach Geschmack, Zwiebelschalotten, fein zerhackt, Sojasoße nach Geschmack, 40 ml Pflanzenöl, 10 ml Paprika-Öl*

## Bambussprossen in pikanter Soße

Vorbereitung

Bambussprossen waschen und in lange schmale Streifen schneiden. Die getrockneten Krabben in warmem Wasser für 30 Minuten einweichen. Dann fein zerhacken. Das Salzgemüse in warmem Wasser waschen und fein zerhacken. Den Schinken in kleine Stücke zerschneiden.

Zubereitung

Das Öl in einer Pfanne über starker Flamme erhitzen. Die Streifen der Bambussprossen in das heiße Öl tun und eine kleine Weile Pfannenrühren. Die Bambussprossen mit einem Seiher herausnehmen. Das meiste Öl wegschütten.

Die Pfanne mit ein bißchen Öl am Boden wieder auf starke Flamme setzen. Das fein zerhackte Fleisch braten, bis es hellbraun ist. Getrocknete Krabben, eingelegtes Salzgemüse und Paprika dazugeben und Pfannenrühren. Die getrockneten Bambussprossen, Sojasoße und einige Löffel Wasser hineintun, bei mäßiger Hitze brodeln lassen, bis die Bambussprossen gar sind. Die Zwiebelschalotten dazugeben und für eine weitere Minute dünsten. Paprika-Öl darauf gießen, auf einer Platte servieren.

雨后春笋
士伋作于北京

## Ma Po Dou Fu

*100 g Bohnenquark, in kleine Würfel geschnitten, 100 g mageres, blättrig geschnittenes Rindfleisch (Lende oder Rumpsteak), 150 g ausgepellte Saubohnen, 50 g gegorene schwarze Bohnen, 50 g zerhackter Knoblauch, Sojasoße nach Geschmack, schwarzes Pfefferpulver nach Geschmack, Paprikapulver nach Geschmack, 75 ml Pflanzenöl, Maisstärke, gelöst in kaltem Wasser*

## Pikanter Sojabohnenquark

Zubereitung

Eine Pfanne über starke Hitze setzen. Das Öl in der Pfanne für 30 Sekunden herumwirbeln. Das blättrig geschnittene Rindfleisch hineintun und Pfannenrühren. Die Bohnen hinzutun und leicht rühren. Das Paprikapulver dazugeben und rühren. Eine halbe Schale warmes Wasser hineingießen, den Bohnenquark hinzufügen und sanft rühren. Wenn das Wasser zum Kochen kommt, das Feuer auf schwache Hitze reduzieren und alles 15 Minuten brodeln lassen. Den zerhackten Knoblauch dazutun und rühren. Das Feuer auf starke Hitze bringen. Die Maisstärke-Lösung dazugeben und das Ganze vermischen, bis sich die Soße verdickt. In eine Schüssel füllen und vor dem Servieren schwarzes Pfefferpulver darauf sprenkeln.

## Xie Fen Dou Fu

*200 g Krebsfleisch, 200 g weicher Bohnenquark, 50 g fettes Schweinefleisch, 5 g Salz, 10 g Glutamat, 0,5 g Pfefferpulver, 5 g Zucker, Essig nach Geschmack, Ingwer nach Geschmack, 25 ml Kochwein, 150 g Schweineschmalz, 2,5 g Zwiebelschalotten, fein geschnitzelt, 200 ml Brühe, 50 ml Maisstärke, in kaltem Wasser gelöst*

## Unter Rühren gebratener Sojabohnenquark mit Krebsfleisch

Vorbereitung

Den Bohnenquark in rechteckige Stücke von etwa einem Zentimeter Dicke schneiden, sie in einem Topf mit kochendem Wasser für 2 oder 3 Minuten blanchieren, dann abtropfen lassen.

Zubereitung

Eine Pfanne über starker Flamme für 30 Sekunden erhitzen. Dann 100 g Schweineschmalz dazugeben und erhitzen. Zwiebelschalotten, Ingwer und fettes Schweinefleisch hinzutun. Pfannenrührend braten. Das Krebsfleisch dazugeben und leicht rühren. Wein, Brühe, Salz, Zucker, Glutamat und Essig hineintun und zum Kochen bringen. Den Bohnenquark hinzufügen und für drei Minuten kochen. Das Pfefferpulver hineinsprenkeln. Die Maisstärke, den Rest des Schmalzes dazutun und gut rühren. In eine Schüssel füllen und servieren.

## Xia Ren Dou Fu

*75 g frische rohe Krabben, geschält und ausgenommen, 200 g weicher Bohnenquark, 50 g Schweineschmalz, 4 g Salz, 0,5 g Glutamat, 10 ml Sesamöl, 300 ml Brühe, 30 ml Maisstärke, gelöst in kaltem Wasser*

## Unter Rühren gebratener Sojabohnenquark mit Krabben

Vorbereitung

Das Krabbenfleisch unter fließendem Wasser waschen. In einer Schale das Krabbenfleisch, den Wein, das Glutamat und das Salz zusammengeben und gründlich vermischen. Den Bohnenquark in kleine Würfel schneiden. Sie in kochendem Wasser zwei oder drei Minuten blanchieren, dann abtropfen lassen und beiseite legen.

Zubereitung
Eine Pfanne über starke Hitze setzen, Schweineschmalz darin erhitzen, Brühe, Salz, Glutamat, Bohnenquark und Krabbenfleisch dazugeben und zum Kochen bringen. Die Maisstärke-Lösung und das Sesamöl hinzufügen. Gut rühren. In eine Schüssel füllen und servieren.

## Fadennudeln mit blättrig geschnittenem Schweinefleisch

## Ma Yi Shang Shu

*200 g durchsichtige Nudeln, sogenannte „Glasnudeln" aus Mehl von grünen Bohnen, 150 g blättrig geschnittenes Schweinefleisch (Lende, Nacken oder Schnitzel), 10 g Zwiebelschalotte, 5 g Knoblauch, 1 g Paprika-Pulver, 25 ml Kochwein, 40 ml Sojasoße, 25 g scharfe Sojabohnenpaste, 5 g Glutamat, 250 ml Brühe, 1,5 l Erdnußöl (oder Pflanzenöl) für gründliches Braten (etwa 100 ml verbraucht), 5 g Ingwer*

Vorbereitung
Zwiebelschalotte, Ingwer und Knoblauch fein zerhacken.

Zubereitung
Eine Pfanne über starke Flamme setzen, das Öl hineingießen und zum Kochen bringen. Die Nudeln gründlich braten. Herausnehmen, wenn sie aufquellen. (Beim gründlichen Braten der Nudeln soll die Hitze stark sein, das Öl kochen, und die Nudeln müssen schnell herausgenommen werden, bevor sie anbrennen. Wenn das Öl nicht heiß genug ist, werden die Nudeln hart.)
Das Öl außer etwa 75 ml aus der Pfanne weggießen. Das blättrig geschnittene Schweinefleisch hinzugeben und schnell wenden, bis es gar ist. Dann die scharfe Sojabohnenpaste hineintun und rühren; Zwiebelschalotte, Ingwer, Knoblauch und Paprikapulver hineingeben und leicht rühren. Dann den Wein, die Brühe, die Sojasoße und die getrockneten Nudeln hineintun. Wenn die Soße dick wird, Glutamat dazugeben, gründlich vermischen. In eine Schüssel füllen und servieren.

## Gekochter Kleber

## Shao Mian Jin

*15 gebratene Kleberklöße*, 15 g getrocknete Chinapilze, 25 g Bambussprossen, 2,5 g Zucker, 1 g Salz, 1 g Glutamat, 25 ml Sojasoße, 2,5 g Sesamöl, 40 ml Pflanzenöl, 250 ml Brühe, 45 ml Maisstärke, in kaltem Wasser gelöst*

*(*Kloß aus Kleber, einer klebrigen Eiweißmasse im Getreidekorn, bes. im Weizen.)*

Vorbereitung
Die gebratenen Kleberklöße in zwei Teile schneiden. Die Pilze in warmem Wasser für 30 Minuten einweichen, dann die Stiele abschneiden und die Pilze in Stücke schneiden. Die Bambussprossen in Scheiben schneiden.

Zubereitung
Eine Pfanne auf starke Flamme setzen. Die Brühe eingießen und die gebratenen Kleberklöße, Pilze, Bambussprossen, Sojasoße, Salz, Zucker und Glutamat dazugeben. Schmoren, bis die Suppe in die Kleberklöße einsickert. Dann die Maisstärke-Lösung hineintun und rühren. Das Sesamöl hineingießen. In eine Schüssel füllen und servieren.

牧归 癸亥春月陳停画

## Rot gekochte Schweineschulter

## Hong Shao Zhou Zi

*1,75 kg Schweineschulter mit Schwarte, 250 g Spinat oder anderes blättriges Gemüse, 25 g Zwiebelschalotten, 15 g Ingwer, 25 g Salz, 50 ml Sojasoße, 100 g Kandiszucker, 50 ml Kochwein, 1,5 kg Pflanzenöl (Verbrauch 250 g), 5 g Glutamat, 25 g Schweineschmalz, etwas kaltes Wasser*

Vorbereitung

Das Schweinefleisch reinigen, mit einer Pinzette alle Borsten in der Schwarte entfernen. Die Schwarte mit einem Messer abschaben, sie dann mit einem Küchentuch abtrocknen. Die Schulter mit Sojasoße abreiben. Zwiebelschalotten und Ingwer mit dem flachen Blatt eines schweren Messers zerdrücken. Den Spinat unter kaltem fließenden Wasser waschen.

Zubereitung

Eine Pfanne auf starke Flamme setzen. Das Öl eingießen. Wenn es zum Kochen kommt, die Schweineschulter hinzufügen und gründlich braten, bis sie hellbraun wird, sie dann aus dem Öl herausnehmen.

Die Fleischseite mit tiefen, kreuz und quer laufenden Schnitten einkerben, aber die Schwarte und das Fleisch unversehrt lassen.

Eine Bambusstange oder Schweineknochen auf den Boden eines chinesischen Steinguttopfes oder eines Schmortopfes legen. Hierdurch wird ein Anbrennen des Fleisches verhindert. Die Schulter in den Topf legen, die Schwartenseite auf die Bambusstange und kaltes Wasser, Zwiebelschalotten, Ingwer, Salz, Sojasoße, Kandiszucker und die Hälfte Wein hinzufügen. Über starker Hitze bis zum Kochen bringen. Abschäumen und das Feuer zu schwacher Hitze reduzieren. Schmoren, bis das Fleisch gar ist. Das Fleisch in eine Schüssel legen. Die verbleibende Fleischsoße kochen, bis sie sich verdickt, und über das Fleisch gießen.

Eine Pfanne über starke Hitze setzen. Das Schweineschmalz hineintun und es zum Kochen bringen. Den Spinat, Salz, den Rest vom Wein, Glutamat dazugeben und unter Rühren dünsten, bis es gar ist.

Den Spinat als Verzierung um das Fleisch legen.

## Cha Shao Rou

*250 g Schweinefleisch (Lende, Nacken oder Schnitzel), 20 ml Erdnußöl (oder Pflanzenöl), 30 ml Sojasoße, 15 g weißer Zucker*
*Nach Geschmack: Kochwein, fein zerhackte Zwiebelschalotten, Ingwer, Salz, Glutamat*

## Geröstetes Schweinefleisch

Vorbereitung
Das Schweinefleisch in 7 cm lange, 3 cm breite Streifen schneiden. Die Oberfläche jeden Streifens einkerben. Das Schweinefleisch in Sojasoße, Zucker, Kochwein, Zwiebelschalotten, Ingwer, Salz und Glutamat für 1 bis 2 Stunden marinieren.

Zubereitung
Das Öl in einer Pfanne über starker Flamme erhitzen. Das Fleisch hineintun und braten, bis es fast gar ist, dann in einen bedeckten Topf legen. Ein bißchen Wasser und Zucker in den Topf dazugeben und caramelisieren. Die Hitze reduzieren und das Fleisch rösten, bis alle Flüssigkeit verdampft ist. Das Gericht kann heiß wie kalt serviert werden.

## Qing Zheng Zhou Zi

*1,25 kg Schweineschulter mit Schwarte, einige getrocknete China-Pilze, 50 g Bambussprossen (in Dosen), 4 oder 5 schwarze Pfefferkörner, 50 g Salz, Kochwein nach Geschmack, 2 Stangen Lauch, in 5 cm lange Stücke geschnitten, 4 Scheiben frische Ingwerwurzel, etwa 2,5 cm im Durchmesser und 2 mm dick*

## Gedämpfte Schweineschulter

Vorbereitung
Die Schwarte der Schweineschulter mit einem Messer abschaben und unter kaltem fließenden Wasser waschen. Die Schulter in kochendem Wasser 10 Minuten blanchieren. Sie herausnehmen und abtropfen lassen. In einer Schale die Pilze mit heißem Wasser bedecken und 30 Minuten weichen lassen. Dann jeden Pilz in zwei Stücke schneiden. Die Bambussprossen in lange Streifen schneiden.

Zubereitung
Das Fleisch in eine große feuerfeste Schüssel legen und Salz, Pfefferkörner, Lauch, Ingwer und Wein hinzufügen. Alles in einen Dampfkochtopf setzen und dämpfen, bis das Fleisch weich ist. Dann die Pilze und die Bambussprossen hinzufügen. Noch einmal dämpfen, bis sie ganz gar sind. Das Oberflächenfett von der Soße abschöpfen und wegnehmen. Ingwer und Lauch herausnehmen. Wenn die Soße nicht klar ist, sie filtern und wieder in die Schüssel zurückgießen. In eine Schüssel füllen und servieren.

## Fen Zheng Rou

*500 g Schweineschulter, 150 g frische geschälte Erbsen, 100 g Reismehl, 5 g Zwiebelschalotten, 5 g frische Ingwerwurzel, 25 ml Sojasoße, 25 ml fermentierte Bohnenquarksoße, 25 ml Kochwein, 8 g brauner Zucker, 0,5 g Salz*

## Gedämpftes Reismehl-Schweinefleisch

Vorbereitung
Das Schweinefleisch in Streifen (10 cm × 2 cm × 1/3 cm) schneiden. Zwiebelschalotten und Ingwer fein zerhacken. In einer Schüssel die Schweinefleisch-Streifen, Zwiebelschalotten und Ingwer, braunen Zucker, fermentierte Bohnenquarksoße, Wein und Sojasoße vermischen. Dann die Streifen mit Reismehl überdecken und zusammenschütteln, bis jeder Streifen bedeckt ist.

Dafür sorgen, daß die Schwartenseite der Schweinefleischstreifen fest auf dem Boden einer Schüssel aufliegt. Die Erbsen mit den verbleibenden gemischten Würzen zusammentun und auf die Schweinefleischstreifen schütten.

Zubereitung
Das Schweinefleisch in einer Schüssel 2 Stunden dämpfen. Beim Servieren die Oberseite der Schüssel nach unten wenden, sie mit der Schwartenseite nach oben auf eine Platte setzen. Die Schüssel abheben und das Schweinefleisch servieren.

## Gekochte Fleischklöße

## Cuan Wan Zi

*150 g fein gehacktes mageres Schweinefleisch, Gemüse (frische Gurke, Spinat u.a.), in Stücke geschnitten, 25 g Eiweiß, 10 g Zwiebelschalotte, fein gehackt, 10 g Ingwer, fein zerhackt, 1,5 g Glutamat, 10 ml Kochwein, 15 g Salz, 500 ml Brühe, 10 g getrocknete Krabben, in warmem Wasser eingeweicht, Sesamöl*

Vorbereitung
In einer Schüssel das Schweinefleisch mit etwas Brühe vermischen. Dann mehr Brühe dazugeben und vermengen, bis die Mischung dick wird. Eiweiß, Salz, Glutamat, Kochwein, Sesamöl, zerhackte Zwiebelschalotte und Ingwer hinzufügen. Vermischen, bis das Fleisch weiß und weich wird.

Zubereitung
In einem Topf Wasser kochen und kleine Klöße aus dem Schweinefleisch in das Wasser hineintun. Bei schwacher Hitze sieden lassen.
Die Krabben und Stücke des frischen Gemüses in diese Brühe geben. Die Suppe in Schüsseln löffeln und servieren.

## Geschmortes Sojasoße-Schweinefleisch

## Jiang Zhi Rou

*600 g Schweinefleisch aus den Rippen mit Schwarte, 35 g Salz, 75 g Kandiszucker, 25 ml Kochwein, 125 g Puderzucker, 20 g Zwiebelschalotten, in Stücke geschnitten, 5 g Anis, 10 g Ingwer, in Scheiben geschnitten, 7,5 g Rotreismehl*

Vorbereitung
Das Schweinefleisch in 100 g schwere Würfel schneiden. Das Fleisch in kochendes Wasser geben, um es für einige Minuten zu blanchieren. Den Schaum an der Oberfläche der Brühe abschöpfen. Das Fleisch herausnehmen und abspülen.

Zubereitung
Der Brühe in der Pfanne Salz hinzufügen und sie zum Kochen bringen. Ein Bambusbrett auf den Boden der Pfanne stellen und die Fleischwürfel darauf legen (Schwarte nach oben). Wein, Zwiebelschalotten, Ingwer und Anis dazugeben. Die Pfanne bedecken und für eine Stunde kochen lassen. Das Rotreismehl hinzufügen und alles über schwacher Flamme für weitere zwei Stunden schmoren. Dann Kandiszucker und Puderzucker hinzutun. Wenn sich die Soße verdickt, ist alles gar. Das Fleisch in eine Schüssel füllen, mit der Schwarte nach oben. Die Soße darauf gießen und servieren.

## Chao Rou Pian

*125 g Schweinefleisch (Lende, Nacken oder Schnitzel), 50 g Sellerie oder Gurke, 50 g getrocknete „Baumohren“ (Chin. Baumpilz, MU-ERR), 0,5 g Salz, 10 ml Sojasoße, 10 ml Kochwein, 1,5 g Glutamat, 30 ml Pflanzenöl, 0,5 ml Sesamöl*

## Gebratene Schweinefleisch-Scheiben

Vorbereitung

Das Schweinefleisch in dünne Scheiben schneiden. Das Gemüse unter kaltem, fließenden Wasser waschen und in Stücke schneiden. Die Baumohren in einer Schale mit kochendem Wasser bedecken und 15 Minuten einweichen. Dann unter kaltem, fließenden Wasser abspülen und in Scheiben schneiden.

Zubereitung

Eine Pfanne über starke Hitze setzen. Das Öl eingießen und erhitzen, bis es raucht. Die Schweinefleischscheiben hineintun und gut braten, bis sie hellbraun sind. Dann die Sojasoße, Wein, Glutamat und Salz hineingeben und leicht rühren. Das Sesamöl hinzufügen. In eine Schüssel füllen und servieren.

Gerichte im Familienstil variieren sehr in bezug auf Zutaten. China-Kohl, Eierpflanze, gebratener Bohnenquark, frische Saubohnen, China-Pilze, getrockneter Bohnenquark und grüne Paprika können alle diesem Gericht hinzugefügt werden.

## La Zi Rou Ding

*400 g mageres Schweinefleisch, 150 g Gurke oder Bambussprossen, 25 g Salz, 40 ml Sojasoße, 25 g Zucker, 5 g Glutamat, 25 ml Kochwein, 15 g Ingwer, 25 g Zwiebelschalotten, 10 g Knoblauch, 50 g eingeweichte getrocknete, scharfe Chilischoten (Sie können ersetzt werden durch Paprika-Paste oder Paprika-Pulver), 150 g Schweineschmalz, etwas Pflanzenöl, etwas Brühe, 50 ml Maisstärke, in kaltem Wasser gelöst*

## Gewürzte Schweinefleisch-Würfel

Vorbereitung

Das Schweinefleisch in kleine Würfel schneiden. Die Gurke in Würfel schneiden, mit ein bißchen Salz mischen und beiseite legen. Die Zwiebelschalotten in kleine Stücke, so groß wie die Fleischwürfel, schneiden. Den Ingwer in quadratische Scheiben und den Knoblauch in Scheiben schneiden. Die scharfen Chilischoten fein zerhacken.

In einer Schüssel das Schweinefleisch, Salz, etwas Kochwein und etwas Sojasoße zusammengeben. Die Maisstärke-Lösung eingießen und schütteln, bis das Schweinefleisch mit der Lösung überzogen ist. Etwas Öl dazugeben und gut vermischen.

In einer anderen Schüssel den Rest vom Kochwein, Sojasoße, Maisstärke-Lösung, Zucker, Glutamat, Zwiebelschalotten, Ingwer und Knoblauch sowie Brühe zusammentun. Die Mischung beiseite stellen.

Zubereitung

Eine Pfanne über starker Flamme für 30 Sekunden erhitzen. Das Öl hineingießen und es für weitere 30 Sekunden erhitzen. Das Schweinefleisch dazugeben und gut braten, bis es hellbraun wird. Die scharfen Chilischoten hineingeben und leicht rühren. Dann die Gurke hinzutun und für zwei Minuten Pfannenrühren. Die Mischung der Gewürze eingießen und zum Kochen bringen. Rühren und in eine Schüssel füllen. Servieren.

Das Gericht kann auch mit Hühnerfleisch anstatt mit Schweinefleisch zubereitet werden.

菜場

## Gong Bao Rou Ding

*125 g mageres Schweinefleisch, 50 g frische Gurke, 25 g geschälte Erdnüsse, 1 Eiweiß, 5 g Salz, 5 ml Kochwein, 20 g Maisstärke, in kaltem Wasser gelöst, 40 ml Pflanzenöl*
*nach Geschmack:*
*Melasse, Sojasoße, Paprika-Öl, Zwiebelschalotten, Ingwer, Knoblauch und etwas Brühe*

## Gewürztes Schweinefleisch mit Erdnüssen

Vorbereitung
Das Schweinefleisch, Gurke und Zwiebelschalotten in Würfel schneiden. Den Knoblauch in Scheiben schneiden. Die Erdnüsse braten, bis sie knusprig sind.
In einer Schüssel das Schweinefleisch, Salz, Eiweiß und die Hälfte der Maisstärke zusammengeben. Rühren mit einem Löffel, bis das Schweinefleisch mit der Mischung bedeckt ist.
In einer anderen Schüssel die Brühe, den Rest der Maisstärke, Salz, Wein, ein bißchen Melasse, Sojasoße, die zerhackten Zwiebelschalotten, Ingwer und Knoblauch verrühren.

Zubereitung
Eine Pfanne über starke Hitze setzen. Das Öl eingießen und erhitzen, bis es brodelt. Das Schweinefleisch hinzufügen und leicht rühren, bis es gar ist. Das Fleisch herausnehmen und das Öl abtropfen lassen.
Etwas Öl in der Pfanne belassen. Die Gurke dazugeben und Pfannenrühren. Das Schweinefleisch hineintun und leicht rühren. Die Mischung von Gewürzen schnell durchrühren und in die Pfanne geben. Die Erdnüsse hineintun und rühren, bis alle Zutaten mit der Soße bedeckt sind. Paprika-Öl dazutun. In eine Schüssel füllen und servieren.

## Chao Mu Xu Rou

*100 g Schweinefleisch (Lende, Nacken oder Schnitzel), 1 Ei, leicht geschlagen, 30 g getrocknete „Baumohren" (chin. Baumpilz, MU-ERR), 0,5 g Salz, 10 ml Sojasoße, 30 g getrocknete Lilienknospen, 10 ml Kochwein, 50 ml Pflanzenöl, 0,5 ml Sesamöl, ein Stück zerquetschter Ingwer in Wasser*

## Gebratenes Schweinefleisch mit Ei

Vorbereitung
Das Schweinefleisch in Schnitzel schneiden. In einer Schale die getrockneten „Baumohren" und Lilienknospen mit heißem Wasser bedecken und sie 20 Minuten einweichen. Dann spülen und beiseite stellen. Die Lilienknopsen herausnehmen und ihr zähes Ende abhacken. Unter kaltem, fließenden Wasser waschen und in 2,5 cm lange Stücke schneiden.
Ein bißchen Salz dem geschlagenen Ei hinzugeben.

Zubereitung
Eine Pfanne über starker Flamme 30 Sekunden erhitzen. Ein bißchen Öl eingießen und erhitzen, bis es raucht. Das geschlagene Ei dazugeben und verrühren. Herausnehmen und beiseite stellen. Den Rest des Öls eingießen und erhitzen, bis es brodelt. Die Schweinefleischschnitzel hinzufügen und Pfannenrühren, bis sie fast gar sind. Dann Sojasoße, Glutamat, Ingwerwasser, Kochwein und Salz hinzugeben und leicht rühren. Die Lilienknospen, die „Baumohren" und das gebratene Ei hineintun und weiter leicht rühren. Das Sesamöl eingießen. In eine Schüssel füllen und servieren.

## Gebratene Schweinefleisch-Schnitzel

## Chao Rou Si

*125 g Schweinefleisch (Lende, Nacken oder Schnitzel), 40 g getrocknete „Baumohren“ (chin. Baumpilz, MU-ERR), 50 g Zwiebelschalotten, 0,5 g Salz, 10 ml Sojasoße, 10 ml Kochwein, 1,5 g Glutamat, 35 ml Pflanzenöl, 0,5 ml Sesamöl*

Vorbereitung
Das Schweinefleisch in etwa 5 cm lange Schnitzel schneiden. Die „Baumohren“ mit heißem Wasser in einer Schale bedecken und 15 Minuten einweichen. Waschen und in Schnitzel schneiden. Die Zwiebelschalotten waschen und in Schnitzel schneiden.

Zubereitung
Eine Pfanne über starker Flamme 30 Sekunden erhitzen. Das Öl eingießen und erhitzen, bis es raucht. Das geschnitzelte Schweinefleisch hinzufügen und Pfannenrühren, bis es fast gar ist (hellbraun). Sojasoße, Salz, Glutamat und Wein hinzutun. Zwiebelschalotten und die „Baumohren“ hinzufügen und schwenken, bis sie alle gar sind. Das Sesamöl dazugeben. In eine Schüssel füllen und servieren.

Variante
Das Schweinefleisch kann auch mit Linsen, Rapskohl, Bambussprossen, Kohl, grünem Paprika u.a. gebraten werden.

## Schweinefleisch mit Fisch-Geschmack

## Yu Xiang Rou Si

*400 g Schweinefleisch (250 g mageres und 150 g fettes), 5 g getrocknete „Baumohren“ (chin. Baumpilz, MU-ERR), 100 g Gemüse, 15 g Salz, 40 ml Sojasoße, 15 ml Essig, 25 g Zucker, 5 g Glutamat, 25 ml Kochwein, 25 g Zwiebelschalotten, 15 g frische Ingwerwurzel, 15 g Knoblauch, 25 g eingelegte scharfe Paprika (kann durch Paprikasoße ersetzt werden), 150 g Schweineschmalz, einige Teelöffel Brühe, 50 ml Maisstärke, in kaltem Wasser gelöst*

Vorbereitung
Das Schweinefleisch in Schnitzel schneiden. Das Gemüse unter kaltem fließenden Wasser waschen und schnitzeln. In einer Schale die getrockneten „Baumohren“ mit heißem Wasser bedecken und 15 Minuten einweichen, anschließend waschen und schnitzeln. Zwiebelschalotten, Ingwer, Knoblauch und eingelegte scharfe Paprika fein zerhacken.
In einer Schüssel das geschnitzelte Fleisch, Salz, Sojasoße, Wein und eine Hälfte der Maisstärke-Lösung zusammentun. Etwas Schweineschmalz dazugeben und gründlich vermischen. In einer anderen Schüssel Essig, Zucker, den Rest der Maisstärke-Lösung, Zwiebelschalotten, Ingwer, Knoblauch, scharfe Paprika, Glutamat und die Brühe vermischen.

Zubereitung
Eine Pfanne über starker Flamme 30 Sekunden erhitzen. Das Schweineschmalz einfüllen und erhitzen, bis es raucht. Das Schweinefleisch dazugeben und Pfannenrühren, bis es fast gar ist. Das Gemüse hineintun und leicht rühren. Die gemischte Soße eingießen und zum Kochen bringen. Leicht rühren. In eine Schüssel füllen und servieren.

## Zou You Rou

*1 kg Schweinebauch, 1 g Salz, 100 g Schweineschmalz, 1 l Brühe, 75 ml Sojasoße, 100 g Zucker, 2,5 g Glutamat, 50 ml Maisstärke, in Wasser gelöst, Pflanzenöl (etwa 100 ml verbraucht), etwas Sesamöl*

## Entfettetes Schweinefleisch

Vorbereitung
Das Schweinefleisch waschen und in 20 cm lange, 15 cm breite Stücke schneiden. Diese in Wasser bei mäßiger Hitze kochen, bis sie ganz gar ist. Dabei nicht vergessen, den Schaum von der Oberfläche abzuschöpfen.

Zubereitung
Eine Pfanne über starke Hitze setzen. Das Öl erhitzen, bis es heiß ist, und das gekochte Fleisch hinzufügen. Sofort die Pfanne bedecken. Wenn das Brodeln nicht mehr zu hören ist, die Pfanne öffnen und rühren. Wenn das Fleisch goldgelb und die Außenseite knusprig ist, wird es in ein Kaltwasserbad gelegt. Aus dem Wasser herausnehmen, wenn die Außenseite wieder weich wird.

Eine Pfanne über starke Hitze setzen. Brühe, Schweineschmalz, Sojasoße, Glutamat, Maisstärkelösung und Zucker hineingeben. Bedeckt über starker Hitze 15 Minuten kochen. In eine feuerfeste Schüssel füllen und für weitere 10 Minuten dämpfen. Den Schweinebauch auf eine Platte legen. Die verbleibende Brühe zum Kochen bringen, das Sesamöl dazugeben, dann das Fleisch damit übergießen und servieren.

## Niang Dong Gua

*500 g Wintermelone, 200 g Schweinefleisch (Lende, Nacken oder Schnitzel), 50 ml Sojasoße, 10 ml Kochwein, 10 ml Sesamöl, Zwiebelschalotten, Ingwer, Glutamat*

## Gefüllte Winter-Melone

Vorbereitung
Zwei kleinere Wintermelonen auswählen. Die Schale abschälen. Ein etwa 7 mm dickes Stück vom oberen Ende schneiden. Dann die Samen herausnehmen. Die Melone im fließenden Wasser spülen.
Das Schweinefleisch fein zerhacken und mit den Würzen vermischen, um daraus eine Füllung herzustellen.
Fleischfüllung in jede Melone füllen. Die Melone in eine Schüssel legen und etwas Brühe hineingießen.

Zubereitung
Die Schüsseln in einen Dampfkochtopf stellen und kochen, bis die gefüllten Melonen gar sind. (Die Fleischfüllung kann auch aus Hammelfleisch, Krabben usw. hergestellt werden.)

收获的季节

## Wu Xiang Pai Gu

*750 g Schweinerippen, 10 ml Kochwein, 25 ml Sojasoße, 10 g Zucker, 5 g Glutamat, 5 g zerhackte Zwiebelschalotte, 5 ml Sesamöl, 0,5 g Fünf-Gewürze-Pulver, 15 ml Brühe, 1250 ml Pflanzenöl (etwa 100 ml verbraucht)*

## Gewürzte Schmorrippen

Vorbereitung
Die Rippen in kleine Stücke zerhacken. Kochwein, Sojasoße, Zucker, Glutamat, Zwiebelschalotte, Ingwer, Sesamöl und Fünf-Gewürze-Pulver dazugeben. Vermischen und 10 Minuten marinieren.

Zubereitung
Eine Pfanne über starke Hitze setzen und das Öl eingießen. Wenn es heiß ist, die Rippen hineintun. Die Hitze reduzieren und 5 Minuten brodeln lassen. Die Marinade hinzufügen. Das Gericht in eine Schüssel geben und servieren.

## Gan Zha Li Ji

*200 g Schweine-Filet, 15 g Maisstärke, 5 ml Kochwein, 10 g Pfeffer, mit Salz vermischt, 5 ml Sojasoße, Sesamöl nach Geschmack, 50 ml Pflanzenöl*

## Zweimal gebratenes Schweine-Filet

Vorbereitung
Das Filet in Würfel schneiden. In einer Schüssel die Würfel, Kochwein, Sojasoße und Sesamöl sowie Maisstärke vermischen. Dann die Würfel mit diesem dicken Teig bedecken.

Zubereitung
Das Öl in einer Pfanne erhitzen, bis es zum Brodeln kommt. Die Würfel gründlich braten. Wenn sie an der Oberseite knusprig geworden sind, herausnehmen. Das Öl wieder erhitzen und die Würfel nochmals gründlich braten. Mit dem Pfeffer-Salz an der Seite als Würze servieren.

## Ruan Zha Li Ji

*125 g Schweine-Filet, 25 ml Öl, 100 g Maisstärke, 15 ml Eiweiß, Salz, Glutamat, Kochwein nach Geschmack, eine kleine Schüssel Pfeffer-Salz*

## Gebratenes weiches Filet

Vorbereitung
Zuerst die Oberfläche des Filets einkerben, dann in 3 cm lange Stücke schneiden. Die Stücke mit ein bißchen Salz bedecken, dann Eiweiß, Maisstärke, Glutamat und Kochwein in einer Schüssel dazugeben. So vermischen, bis die Stücke mit dem Teig bedeckt sind.

Zubereitung
Das Öl in einer Pfanne erhitzen. Wenn es sehr heiß ist, die Filetstücke hinzufügen. Gründlich braten, bis sie goldgelb sind, knusprig an der Außenseite und innen zart. Mit Pfeffer-Salz als Würze servieren.

## Köstliches Schweinefleisch

## Yuan Bao Rou

*250 g Schweinefleisch (Lende, Nacken oder Schnitzel), 5 Eier, 50 g getrocknete China-Pilze, 125 ml Sojasoße, 10 ml Kochwein, Zwiebelschalotten, fein zerhackt, Ingwer, fein zerhackt, 10 ml Erdnußöl (oder Pflanzenöl)*

Vorbereitung
Die China-Pilze in warmem Wasser für 30 Minuten einweichen. Das Schweinefleisch waschen und säubern und in 0,5 cm dicke Scheiben schneiden. Die Eier hart kochen, schälen und in Sojasoße einige Minuten einweichen.

Zubereitung
Eine Pfanne über starke Hitze setzen. Ein bißchen Öl zur Deckung des Bodens der Pfanne eingießen. Die Fleischscheiben braten, bis sie beinahe gar sind. Aus der Pfanne herausnehmen.
Die Pfanne waschen und über starke Hitze setzen. Öl dazugeben, um die Eier gründlich zu braten. Das Öl fast zum Kochen bringen und die Eier braten, bis sie dunkelrot werden.
Die Eier in Teile schneiden und sie Seite an Seite mit dem Fleisch in eine Schüssel mit den übrigen Zutaten legen. In einen Dampfkochtopf stellen und dämpfen, bis das Fleisch ganz gar ist.
In der Pfanne mit ein bißchen Öl die Pilze Pfannenrühren und sie auf eine Platte legen. Zum Servieren die Schüssel mit dem Schweinefleisch und den Eiern umgekehrt auf die gebratenen Pilzen legen und die Schüssel abheben.

## Geschmortes Schweinefleisch nach Dong Po*

## Dong Po Men Rou

*2,5 kg Schweine-Rippen, 500 ml Sojasoße, 100 ml Kochwein, 200 g Zucker (oder Kandiszucker), 50 g Zwiebelschalotten, 50 g Ingwer*

Vorbereitung
Das Fleisch aus den Rippen in 250 g schwere quadratische Stücke schneiden. Diese in einen Topf mit kochendem Wasser legen und blanchieren. Herausnehmen und unter fließendem Wasser spülen.

Zubereitung
Das Fleisch in eine Pfanne über schwacher Hitze legen. Sojasoße, Zwiebelschalotten, Ingwer und Kochwein hineintun. Wenn das Fleisch braun gefärbt ist, Zucker und soviel Wasser hinzugeben, daß das Fleisch gerade bedeckt ist und über starker Hitze eine halbe Stunde kochen lassen, dann das Fleisch über schwacher Hitze anderthalb Stunden schmoren, bis es weich und die Brühe dick ist. Das Fleisch stückweise in je ein Porzellan-Töpfchen legen. Die Töpfchen abdichten und im Dampfkochtopf etwa 10 Minuten dämpfen, danach servieren.

*Gemeint ist Su Dong Po, ein bekannter chinesischer Dichter der Song-Dynastie, der gut kochen konnte. Seine Spezialität „Gebratenes Schweinefleisch“ war als „Dongpo-Fleisch“ bekannt und ist bis heute so überliefert.

牧羊女
壬戌年于京陳亭

牧牛图
癸亥年新春画于北京陳亭

## Jiao Liu Rou Pian

*125 g Schweinefleisch (Lende, Nacken oder Schnitzel), 10 ml Sojasoße, 0,5 ml Essig, 10 ml Kochwein, 1,5 g Glutamat, 10 g Zwiebelschalotten, in Streifen geschnitten, 10 g Knoblauch in Scheiben, 40 ml Pflanzenöl, Salz nach Geschmack, 50 ml Brühe, 100 ml Maisstärke- und Eiweiß-Mischung*

## „Samtige" Schweinefleisch-Scheiben

Vorbereitung
Das Schweinefleisch in Scheiben schneiden. In einer Schüssel die Schweinefleisch-Scheiben, ein bißchen Sojasoße, Kochwein und etwas Salz zusammentun. Dann die Maisstärke- und Eiweiß-Mischung dazugeben und gründlich vermischen. In einer anderen Schüssel Sojasoße, Wein, Glutamat, Salz nach Geschmack, Essig, Brühe, Zwiebelschalotten und Knoblauch sowie ein bißchen Maisstärke vermischen.

Zubereitung
Eine Pfanne über starker Flamme 30 Sekunden erhitzen. Das Öl eingießen und erhitzen, bis es brodelt. Die Schweinefleisch-Scheiben dazugeben und braten, bis sie gar sind (goldgelb). Herausnehmen und das Öl abtropfen lassen.
Die Pfanne über starke Hitze setzen. Genug Öl eingießen, um den Boden der Pfanne zu bedecken, und es erhitzen, bis es brodelt. Die gemischte Soße dazugeben und zum Kochen bringen. Die gebratenen Schweinefleisch-Scheiben hineintun und leicht schütteln. Wenn die Scheiben mit der Soße bedeckt sind, gleich in eine Schüssel füllen und servieren.

## Tang Cu Li Ji

*125 g Schweine-Filet, 1 g Salz, 10 ml Sojasoße, 25 ml Essig, 50 g Zucker, 10 ml Kochwein, 15 ml Eiweiß, 50 ml Pflanzenöl, 10 g Zwiebelschalotten, fein zerschnitten, 10 g Ingwerwurzel, fein zerhackt, 10 g Knoblauch, fein zerkleinert, 100 g Maisstärke, in Wasser gelöst*

## Süßsaures Schweine-Filet

Vorbereitung
Zuerst das Schweine-Filet der Länge nach durchschneiden und anschließend in Stücke von jeweils etwa 10 g schneiden. In einer Schüssel das Fleisch, Eiweiß und Maisstärke zusammentun und vermengen, bis das Fleisch mit einer dicken Paste bedeckt ist.
In einer anderen Schüssel Zwiebelschalotten, Ingwer, Knoblauch, Sojasoße, Wein, Zucker, Essig, ein bißchen Salz und etwas Maisstärke vermischen.

Zubereitung
Eine Pfanne über starker Flamme 30 Sekunden erhitzen. Das Öl dazugeben und erhitzen, bis es brodelt. Das Fleisch Stück für Stück hinzufügen und gründlich braten, bis es gar ist (goldgelb). Mit einem Seiher abtropfen lassen. (Die Hitze muß gut kontrolliert werden: Wenn das Öl zu heiß ist, kann das Fleisch an der Außenseite anbrennen, während es an der Innenseite nicht gar wird; wenn das Öl nicht heiß genug ist, wird sich das Fleisch vom Belag trennen.)
Die Pfanne wieder über starke Hitze setzen und einige Tropfen Öl dazugeben. Die Mischung von Gewürzen hineintun und leicht rühren, bis das Öl brodelt. Die gebratenen Fleischstücke hineintun und leicht verrühren, bis sie mit dicker Soße bedeckt sind. In eine Schüssel füllen und servieren.

## „Löwenkopf“ mit Krebsfleisch

## Xie Huang Shi Zi Tou

*300 g fettes und 300 g mageres Schweinefleisch, 500 g ganzer Krebs, 750 g Rapskohl oder anderes blättriges grünes Gemüse, 15 ml Kochwein, 10 g Glutamat, 50 g Maisstärke, Pfeffer und Salz nach Geschmack, 25 g Hühnerschmalz, 1 l Hühnerbrühe, 25 g Schweineschmalz, 25 g Zwiebelschalotten, 25 g Ingwer*

Vorbereitung
Den Krebs waschen. Ihn dämpfen, bis er ganz gar ist. Das Krebsfleisch herausnehmen und beiseite legen. Die Hälfte der Zwiebelschalotten und des Ingwers in Stücke schneiden; die andere Hälfte fein zerhacken. Den Rapskohl (grüne Blätter und gelbe Knospen verwenden), waschen und in 7 cm lange Stücke schneiden.
Das fette Fleisch in kleine Würfel schneiden. Das magere Fleisch fein zerhacken. In einer Schüssel beide Schweinefleischarten mit dem Krebsfleisch vermischen, Kochwein, Glutamat, Salz, die zerhackten Zwiebelschalotten und Ingwer sowie Maisstärke hinzufügen. Vermischen, bis eine klebrige Festigkeit besteht. Fünf große Klöße daraus formen.

Zubereitung
Die Klöße in eine mit Öl benetzte Schüssel legen. Für 10 Minuten dämpfen. Herausnehmen und in eine Kasserolle legen. Hühnerbrühe hineingießen und die geschnittenen Zwiebelschalotten- und Ingwerstücke hinzufügen. Alles mit einigen Rapskohlblättern bedecken. Die Kasserolle über starke Hitze setzen. Sie zum Kochen bringen und danach die Hitze mäßig reduzieren. 30 Minuten schmoren. Die Rapskohlblätter herausnehmen.
Das restliche Gemüse in kochendem Wasser abbrühen und anschließend in kaltem Wasser spülen. Danach in einer Pfanne über starker Hitze das Schweineschmalz schmelzen und das grüne Gemüse mit ein bißchen Salz Pfannenrühren. In die Kasserolle geben und hübsch rund um die Löwenköpfe arrangieren. Das heiße Hühnerschmalz über alles gießen und servieren.

## Gewürztes geschnitzeltes Rindfleisch

## Gan Bian Niu Rou Si

*500 g mageres Rindfleisch, 250 g Staudensellerie, 150 ml Erdnußöl (oder Pflanzenöl), 50 g scharfe Sojabohnenpaste, 1 g Pfefferpulver, 15 g Ingwer, 25 ml Sojasoße, 25 ml Kochwein, 5 g Glutamat, 5 g Zucker, 10 g Paprikapulver (Chilipulver), Essig nach Geschmack*

Vorbereitung
Das Rindfleisch in Schnitzel schneiden. Die Fasern aus dem Sellerie entfernen und die Stengel in 3 cm lange Stücke schneiden. Den Ingwer in sehr dünne Schnitzel schneiden.

Zubereitung
Eine Pfanne über starke Hitze setzen und das Öl eingießen. Wenn das Öl kocht, das Rindfleisch hineintun und Pfannenrühren, bis das Fleisch beinahe trocken ist und dunkelrot wird. Dann scharfe Bohnenpaste und Pfeffer hinzufügen und Pfannenrühren, bis der Wohlgeruch aus der Bohnenpaste herausdringt. Ingwer und Kochwein dazugeben. Eine Weile rühren und den Sellerie hineintun. Alles zusammen verrühren. Sojasoße, Zucker, Glutamat und einige Tropfen Essig hinzutun. Gut rühren. In eine Schüssel füllen. Paprikapulver darauf sprenkeln und servieren.

涮羊肉
士俊作于北京

## Curry-Rindfleisch

## Ga Li Niu Rou

*150 g mageres Rindfleisch, 125 ml Currysoße, ein halbes Ei, Maisstärke, doppeltkohlensaures Natrium, Kochwein, Sojasoße, 250 ml Erdnußöl oder Pflanzenöl (nur 75 ml verbraucht)*

Vorbereitung
Das Rindfleisch in Scheiben schneiden. In einer Schüssel Ei, Maisstärke, doppeltkohlensaures Natrium, Kochwein, Sojasoße mit etwas Wasser vermischen. Das Rindfleisch hinzufügen und gut vermengen. Dann 10 ml Öl dazugeben und gut vermischen.

Zubereitung
In einer Pfanne das Öl erhitzen, bis es heiß ist. Das Rindfleisch dazugeben und 1 Minute Pfannenrühren. Das Fleisch herausnehmen und das Öl abtropfen lassen. 125 ml Currysoße in die Pfanne gießen und zum Kochen bringen, dann das Rindfleisch hinzufügen und rühren. Auf eine Platte legen und servieren.

## Geschnitzeltes Rindfleisch mit Zwiebeln

## Yang Cong Chao Niu Rou Si

*250 g mageres Rindfleisch, 100 g Zwiebeln, 50 g Schweineschmalz, 1,5 g Salz, 5 ml Sojasoße, 0,5 g Puderzucker, 2,5 g Glutamat, 2,5 ml Kochwein, 1 ml Sesamöl, 15 ml Brühe, 12,5 ml Maisstärke, in kaltem Wasser gelöst, 250 ml Pflanzenöl (Verbrauch ca. 75 ml)*

Vorbereitung
Zwiebeln und Rindfleisch in 7 cm lange Schnitzel schneiden.

Zubereitung
Eine Pfanne über starker Hitze setzen, das Öl eingießen und es in der Pfanne kräftig umrühren. Das Schweineschmalz hinzufügen. Sobald es sehr heiß wird, das Rindfleisch und die Zwiebeln hineintun. Schnell rühren. Kochwein, Brühe, Salz, Zucker, Sojasoße und Glutamat in rascher Folge unter ständigem Rühren hinzufügen. Zum Brodeln bringen. Das Sesamöl dazugeben. Auf eine Platte schütten und servieren.

## Unter Rühren gebratenes Rindfleisch mit Zwiebelschalotten

## Cong Bao Niu Rou

*250 g mageres Rindfleisch, 150 g Zwiebelschalotten, 75 ml Sojasoße, 40 ml Sesamöl, Ingwer, Kochwein*

Vorbereitung
Das Rindfleisch in dünne Scheiben schneiden. Die Zwiebelschalotten gerollt in Stücke schneiden.

Zubereitung
Eine Pfanne über starke Hitze setzen und Öl eingießen. Wenn es zu rauchen beginnt, das Rindfleisch und die Zwiebelschalotten hineintun und Pfannenrühren. Sojasoße und Wein hinzufügen. Pfannenrühren, bis das Fleisch ganz gar ist. Ingwer und Sesamöl dazugeben. Rühren. In eine Schüssel füllen und servieren.
Statt Rindfleisch kann nach demselben Rezept auch Hammelfleisch gebraten werden.

## Hao You Niu Rou

*150 g mageres Rindfleisch, 10 g getrocknete Dung Ku-Champignons, in warmem Wasser eingeweicht, 15 g Zwiebelschalotten, 10 g Ingwer, ein halbes Ei, 15 ml Austernsoße, 10 ml Kochwein, 20 g Maisstärke, 5 ml Sojasoße, 5 ml Puderzucker, 5 g Glutamat, 4 g doppeltkohlensaures Natrium, 25 ml Brühe, 25 ml Wasser, 250 ml Erdnußöl oder Pflanzenöl (nur 75 ml verbraucht), Pfefferpulver nach Geschmack*

## Rindfleisch in Austernsoße

Vorbereitung

Das Rindfleisch den Fasern nach in dünne Scheiben schneiden und in eine Schale legen. Die Hälfte des Glutamats, Maisstärke, Kochwein, Sojasoße und 25 ml kaltes Wasser hinzufügen. Gut vermischen. 15 ml Öl dazugeben und gut untermischen. Die Champignons, den Ingwer und Zwiebelschalotten in Scheiben schneiden.
In einer anderen Schüssel Austernsoße, Ei, den Rest des Glutamats, Zucker, Pfeffer, Sojasoße und Maisstärke vermischen.

Zubereitung

Das Öl in einer Pfanne zum Kochen bringen. Das Rindfleisch hineintun und rühren. Wenn es fast gar ist, herausnehmen und das Öl abtropfen lassen. Ein bißchen Öl in der Pfanne belassen und es über starker Flamme erhitzen. Zwiebelschalotten, Ingwer und Champignons hinzufügen und Pfannenrühren. Das Rindfleisch hinzutun. 5 ml Kochwein und die vorher gemischte Soße eingießen. Einige Male umrühren und servieren.

## Niu Rou Tu Si

*200 g mageres Rindfleisch, 1 Laib Brot, 1 Ei, 2 Walnüsse, 5 g Salz, 3 zerquetschte Pfefferkörner, 500 ml Öl für gründliches Braten (nur 75 ml verbraucht)*

## Rindfleisch-Toast

Vorbereitung

Das Rindfleisch in 3 cm lange, 2 cm dicke Scheiben schneiden. In eine Schüssel legen, Salz und die zerdrückten Pfefferkörner dazugeben. Gut vermischen. Die dünne Haut um den Kern der Walnüsse entfernen und diese zu kleinen Stückchen zerdrücken. Das Brot in Scheiben schneiden, so groß wie die Rindfleisch-Scheiben. Das Ei schlagen. Die Rindfleisch-Scheiben auf ein Hackbrett legen. Auf jede von ihnen etwas Walnuß sprenkeln, mit dem Ei bestreichen, und dann auf jede Rindfleisch-Scheibe eine Brotscheibe legen.

Zubereitung

Eine Bratpfanne über das Feuer setzen. Wenn sie heiß ist, das Öl eingießen. Sobald das Öl heiß ist, die Rindfleisch-Brotscheiben eine nach der anderen hineinlegen und eine Minute braten. Sie dann mit einem Seiher aus dem Öl herausschöpfen. Kalt werden lassen und noch einmal braten, bis sie ganz gar sind. Sie herausnehmen, auf eine Platte legen und servieren.

## Gedämpftes Hammelfleisch

Vorbereitung
Ingwer und Knoblauch in 0,1 cm dicke Scheiben schneiden. Die Zwiebelschalotten in keilförmige Stücke schneiden.

Zubereitung
Das Hammelfleisch in einem Topf mit kochendem Wasser blanchieren. Wenn es weiß wird, herausnehmen und in eine große feuerfeste Schüssel mit der süßen Mehlpaste legen. Sojasoße, Wein, Zucker und Melasse in einer anderen Schale vermischen. Dann die Mischung in die Schüssel mit Hammelfleisch schütten. Zwiebelschalotten, Ingwer, Knoblauch und Anis auf das Fleisch streuen. In einen Dampfkochtopf legen. Kochen, bis es ganz gar ist (nach etwa 2 Stunden). Dann die übrig gebliebene Flüssigkeit in der Schüssel abfüllen und beiseite setzen. Zwiebelschalotten, Ingwer, Knoblauch und Anis herausnehmen. Die Schüssel mit Hammelfleisch auf eine Platte stürzen und servieren. Die übrig gebliebene Flüssigkeit in eine Pfanne füllen, die Maisstärke-Lösung und das Sesamöl dazugeben. Zum Kochen bringen. Das Hammelfleisch damit übergießen und servieren.

## Sheng Pa Niu Rou

*750 g Hammelfleisch (aus der Lende geschnitten), 100 g süße fermentierte Mehlpaste (Hoi Sin Sauce), 15 g Zucker, 10 ml Sojasoße, 30 ml Kochwein, 15 g Melasse, 1 g Anis, 50 g Zwiebelschalotten, 10 g Ingwer, Knoblauch, 25 ml Sesamöl, 50 g Maisstärke, in 50 ml Wasser gelöst*

## Mongolischer „Feuertopf" (Gespültes Lammfleisch)

Vorbereitung
Zartes Lammfleisch auswählen, reinigen und waschen.
Das Lammfleisch im Eisschrank kühlen, um es so für leichteren Schnitt zu festigen. Das Fleisch in 1 mm dicke Scheiben schneiden und sie nett arrangiert auf Platten legen. Den Kohl in keilförmige Stücke schneiden.
Die Gewürze in einzelne Schalen tun. Jeder Gast stellt sich eine Mischung nach individuellem Geschmack her.

Zubereitung
Das Wasser in dem Feuertopf zum Kochen bringen. Einzelne Scheiben vom Lammfleisch in den Topf tauchen und schwenken. Wenn die Scheiben blaß werden (nach etwa 10 Sekunden Kochen), sie mit den Eßstäbchen herausfischen, in die Gewürze tauchen und essen. Nicht zuviel Fleisch auf einmal ins Wasser tauchen. Immer nur soviel kochen, wie man gerade essen will. Kohl, Spinat und Nudeln von Zeit zu Zeit hinzufügen. Der süß eingelegte Knoblauch dient dazu, den Geschmack auszugleichen.

Dieses Gericht ist in Peking eine berühmte Spezialität. Der hierzu benutzte Feuertopf ist ein Kupfergefäß mit einem eingebauten Brennofen. Ein gewöhnlicher Emailtopf, über Feuer gesetzt, kann auch benutzt werden, besser ist ein kupfernes Fonduegefäß.)

## Shuan Yang Rou

*Lammfleisch, China-Kohl, Spinat, gekochte durchsichtige Nudeln, sog. „Glasnudeln", aus Bohnenmehl, süß eingelegter Knoblauch, Sesampaste, Sojasoße, Essig, rote fermentierte Bohnenkäsepaste, Krabbenöl, Paprika-Öl, salzig eingemachter Schnittlauch, fein zerhackte Zwiebelschalotten, Petersilie*

陳亭画于一九八三年三月二十二日

癸亥春
陳亭画

## Rot- oder Goldbarsch als Hausmannskost

Vorbereitung
Die getrockneten Champignons in einer Schüssel mit warmem Wasser 30 Minuten einweichen. Danach den harten Stiel abhacken und die Pilze in Scheiben schneiden. Den Fisch waschen und reinigen. Ihn mit diagonalen Schnitten an beiden Seiten einkerben, dann mit Sojasoße bestreichen.

Zubereitung
Eine Pfanne über starker Flamme erhitzen. Das Öl hinzutun, bis es beinahe kocht. Den Fisch hineinlegen. Die Pfanne sachte rütteln, so daß der ganze Fisch gebraten wird. Wenn der Kopf gar ist, das Öl wegschütten und den Fisch beiseite legen.

Die Pfanne wieder über starke Hitze setzen. 25 ml von dem Öl eingießen. Zwiebelschalotte, Ingwer, Knoblauch-Scheiben hinzufügen und Pfannenrühren, bis wohlriechend. Bambussprossen, Fleisch und Champignons dazugeben. Wenn das Fleisch gar ist, den Fisch hineintun. Wein, getrocknete rote Chili, Sojasoße, Zucker, Salz und Glutamat dazugeben. Wenn der Fisch seine Farbe ändert, die Brühe hineingießen und sie zum Kochen bringen. Dann die Pfanne abdecken, die Hitze reduzieren und 10 Minuten schmoren, bis die Flossen sich leicht lösen lassen. Den Fisch auf eine Platte legen.
Die Flamme auf starke Hitze drehen und die Bratensoße rühren, bis sie dick wird. Sesamöl dazugeben, gut rühren und auf den Fisch gießen. Sofort servieren.

## Jia Chang Huang Yu

*Ein Rot- oder Goldbarsch von 500 g, 100 g Schweinefleisch (Lende oder Nacken), in Scheiben geschnitten, 25 g getrocknete Dung Ku-Champignons, 50 g Bambussprossen, in Scheiben geschnitten, 1,5 g Salz, 5 g Zucker, 1 g Knoblauch, in Scheiben geschnitten, 1 g Zwiebelschalotte, in dicke Scheiben geschnitten, 500 ml Öl (Verbrauch 30 ml), 500 ml Brühe, 15 ml Kochwein, 1 g Ingwer, zerschnitzelt, 25 ml Sojasoße, 1,5 g Glutamat, 10 ml Sesamöl, 0,5 g getrocknete rote Chilischoten*

## Guo Ta Yu Pian

*125 g Fischfilet (Gold-, Rotbarsch oder Kabeljau), 50 ml Öl, 2 Eier, 1,5 g Glutamat, 10 ml Kochwein, 10 ml Sojasoße, 0,5 g Salz, 5 g Zwiebelschalotten, fein zerhackt, 5 g Ingwer, fein zerhackt, 5 g frische Champignons, 50 ml Brühe, 25 g Maismehl*

## Fischfilet

Vorbereitung

Das Filet schräg in 3 cm dicke Scheiben schneiden. Die Eier in einer Schüssel schlagen. In einer anderen Schüssel Wein, Sojasoße, Zwiebelschalotten, Ingwer, Glutamat, Salz und Sesamöl vermischen. Den Fisch in der Soßen-Mischung marinieren, dann mit einer dünnen Schicht Maismehl bedecken. Gerade vor dem Braten den Fisch in das geschlagene Ei tauchen.

Zubereitung

Das Öl in einer Pfanne über einer heißen Flamme erhitzen. Die Fisch-Scheiben in die Pfanne legen und braten, bis sie goldgelb (halbgar) sind. Das Öl weggießen und Brühe, Wein, Champignons, Glutamat und Salz nach Geschmack hinzufügen. Die Flamme ganz schwach drehen und brodeln lassen, bis die Brühe fast verdampft ist. Die Fisch-Scheiben aus der Pfanne entfernen, sie in kleinere Scheiben schneiden und sofort servieren.

## Da Tang Huang Yu

*Ein Rot- oder Goldbarsch (500 g), 50 g konservierter Salzkohl, 15 g getrocknete Bambussprossen, 6 g Salz, 10 ml Kochwein, 5 g Glutamat, 10 g Zwiebelschalotten und Ingwer, fein zerhackt, 0,5 g Pfefferpulver, 75 g Schweineschmalz, 750 ml Wasser*

## Rot- oder Goldbarsch in Suppe

Vorbereitung

Den Fisch waschen und abschuppen. Die dünne Haut des Kopfes abschälen und ihn waschen. Die beiden Seiten des Fisches mit mehreren diagonalen Schnitten einkerben. Den Salzkohl fein zerhacken. Die getrockneten Bambussprossen in warmem Wasser 30 Minuten einweichen. Die harten Stiele abhacken und die Sprossen in Scheiben schneiden.

Zubereitung

Die Pfanne über starker Flamme erhitzen, 50 g Schweineschmalz hineintun. Den Fisch auf beiden Seiten leicht braten. Den Wein hinzufügen und die Pfanne bedecken. Schmoren lassen. Dann Wasser, Zwiebelschalotten, Ingwer, Salzkohl, Bambussprossen dazugeben. Salz, Glutamat und Pfefferpulver hinzutun. Alles über starker Hitze zum Kochen bringen und etwa 5 Minuten kochen. Die Hitze reduzieren und für 5 Minuten kochen, bis die Suppe weißlich ist. 25 g Schweineschmalz dazugeben und kochen lassen. In eine Schüssel füllen und servieren.

農貿市場
画於北京

## Hong Shao Yu

*Ein Karpfen von 750 g, 750 ml Brühe, 100 ml Öl, 15 ml Sojasoße, 15 g Zucker, 20 ml Kochwein, 20 g Knoblauch, in Scheiben geschnitten, 1,5 g Salz, 30 g Maisstärke, 25 g Ingwer, in Stücke geschnitten, 25 g geschnitzelte Zwiebelschalotten, 25 g in Streifen geschnittene Champignons, 25 g Bambussprossen, in Scheiben geschnitten*

## Schmorfisch mit brauner Soße

Vorbereitung
Den Fisch abschuppen, reinigen und ausnehmen und seine beiden Seiten mit kreuzweisen, schräg laufenden Schnitten einkerben.

Zubereitung
Eine Pfanne auf starke Hitze setzen und Öl dazugeben. Wenn es heiß ist, den Fisch hineintun. Auf beiden Seiten braten, bis er ganz goldgelb ist. Ihn herausnehmen und beiseite legen. Knoblauchscheiben, Zucker, Salz, Pilze, Zwiebelschalotten, Bambussprossen, Ingwer, Brühe und Wein in die Pfanne tun. Wenn die Soße zum Kochen kommt, den Fisch wieder in die Pfanne legen. Die Hitze abschwächen und schmoren, bis er ganz gar und die Hälfte der Soße in der Pfanne zurückgeblieben ist. Den Fisch auf eine Platte legen. Die Maisstärke der Soße hinzufügen, rühren, sie auf den Fisch gießen und servieren.

## Gan Shao Yu

*Ein Karpfen von 750 g, Bambussprossen aus Dosen, in Würfel geschnitten, 150 ml Öl, 25 g Senfkohl, gehackt, 75 g Speck, in Würfel geschnitten und gebraten, 15 ml Sojasoße, 10 ml Essig, 20 g Salz, 20 ml Kochwein, 25 g Glutamat, 20 g Zwiebelschalotten, in keilförmige Stücke geschnitten, davon 10 g zum Garnieren aufheben, 10 g Ingwer, in Stücke geschnitten, 5 g Zwiebelschalotten, zerschnitzelt, 10 g Knoblauch, gehackt, Zucker*

## Gewürzter Schmorfisch

Vorbereitung
Den Fisch abschuppen, waschen und ausnehmen. Eine Seite des Fisches mit Schnitten in einer Richtung, die andere Seite in entgegengesetzter Richtung einkerben.

Zubereitung
Das Öl in einer Pfanne erhitzen und den Fisch auf beiden Seiten braten, bis die Farbe sich ändert und er fest wird. Den Fisch herausnehmen und beiseite legen, das Öl abgießen.
Ein bißchen Öl wieder in die Pfanne gießen und erhitzen. Den Zucker dazugeben und kochen, bis er caramelisiert. Knoblauch, Senfkohl und Bambussprossen hinzufügen. Dann Wein, Sojasoße, Lauch, Ingwer, Essig, Zucker, Salz und Glutamat dazugeben und vermischen. Die Mischung zum Kochen bringen und den Fisch hineinlegen (der Fisch muß von der Flüssigkeit bedeckt sein). Wenn er fast gar ist, die Hitze reduzieren und schmoren.
Die gebratenen Speckwürfel in die Pfanne legen und sie mit dem Fisch schmoren. Den Fisch herausnehmen und auf eine Platte legen. Lauch und Ingwer wegnehmen. Um die Soße zu dicken, etwas zerschnitzelte Zwiebelschalotten in wenig Öl schnell braten und der Soße dazugeben. Sie dann auf den Fisch gießen und mit Streifen von rohen Zwiebelschalotten garnieren.

## Gedämpfter Karpfen

## Qing Zheng Li Yu

*Ein Karpfen (etwa 750 g), 75 g Yunnan-Schinken, in Scheiben geschnitten (ein sehr salzig eingelegter Schinken mit viel Fettanteil, in Dosen erhältlich), 50 g getrocknete Bambussprossen, in Scheiben geschnitten, 50 g frische Champignons, 50 g Bambussprossen in Dosen, geschnitzelt, 25 g Speck, gewürfelt, 50 ml Kochwein, 3 g Glutamat, 5 g Zwiebelschalotten, 5 g Ingwer, 20 g Salz, 50 g Schweineschmalz, grünes Gemüse zur Garnierung, 200 ml Hühnerbrühe*

Vorbereitung

Den Fisch waschen und ausnehmen, dann in heißem Wasser blanchieren, die feinen Schuppen und die schwarze Haut sachte abschaben. Die beiden Seiten des Fisches mit flach schräg laufenden Schnitten einkerben. Ihn nochmals in heißem Wasser waschen und dann in eine feuerfeste Schüssel legen.
Das Gemüse waschen, die Zwiebelschalotten in Schnitzel und den Ingwer in Stücke schneiden.

Zubereitung

Den Schinken, die Scheiben der getrockneten Bambussprossen und die geschnitzelten Bambussprossen nacheinander auf den Fisch legen. Die Speckwürfel über ihn streuen, die übrigen Gewürze darauf sprenkeln und die 200 ml Hühnerbrühe auf ihn gießen. Die Schüssel in einen Dampfkochtopf setzen. Den Fisch 15 Minuten dämpfen.
Zum Servieren die Hühnerbrühe in einen Topf gießen und zum Kochen bringen. Auf den Fisch gießen und ihn mit dem Gemüse garnieren.

## Süßsaurer Karpfen

## Tang Cu Li Yu

*Ein Karpfen von 750 g, 150 g Zucker, 75 ml Essig, 300 g Maisstärke, 200 ml Pflanzenöl, 25 ml Sojasoße, 5 g Salz, 25 g Zwiebelschalotten, fein zerhackt, 25 g Ingwer, fein zerhackt, 200 ml kochendes Wasser, 15 ml Kochwein*

Vorbereitung

Den Fisch abschuppen, reinigen und ausnehmen. Die beiden Seiten mit tiefen, schräg laufenden Schnitten bis zum Knochen hinunter einkerben, so daß der Fisch gar wird. Den Fisch mit Maisstärke-Paste bestreichen. In einer Schüssel Sojasoße, Salz, Zucker, Essig, Wein, Zwiebelschalotten, Ingwer, Maisstärke und etwas Wasser zu der sauersüßen Soße vermischen.

Zubereitung

Das Öl in einer Pfanne erhitzen, bis es heiß ist. Den Fisch gründlich braten, so daß die Außenseite knusprig ist. Dann die Hitze reduzieren und weiterbraten, bis sein Inneres zart ist. Auf eine Platte legen.
Das übriggebliebene Öl über starker Hitze zum Kochen bringen. Die sauer-süße Mischung dazugeben und erhitzen, bis sie brodelt. Über den Fisch gießen und sofort servieren.

## You Men Li Yu

*Der mittlere Teil eines Karpfens (ca. ein Kilo), 50 g in Wasser eingeweichte Champignons, 50 g Winter-Bambussprossen, 50 g roher Schweinespeck, 25 ml Reiswein, 50 ml Sojasoße, 25 g Zucker, 15 g Salz, 100 g Schweineschmalz, 10 g mit Wasser vermengtes Stärkemehl, 5 ml Sesamöl, 5 g Glutamat, 25 g Zwiebelschalotten und Ingwer, 15 g zerhackter Knoblauch, 400 ml Wasser*

## Schmorkarpfen

Vorbereitung
Den Fisch ausnehmen und von beiden Seiten her einige Schnitte in seinen Rücken machen. Champignons, Winter-Bambussprossen und Speck in kleine Würfel schneiden.

Zubereitung
Den Topf erhitzen, das Schmalz in den Topf geben und verlaufen lassen. Den Fisch in den Topf geben und braten lassen, bis er goldbraun ist. Die in Stücke geschnittenen Zwiebelschalotten, Bambussprossen, Champignons, Speck, den zerkleinerten Ingwer, Reiswein, Sojasoße, Zucker, Salz und Wasser hinzufügen, im zugedeckten Topf kurz aufkochen lassen und bei mäßiger Hitze 10 Minuten weitergaren. Den Fisch herausnehmen und auf einen Teller legen. Den Saft bei großer Hitze bis auf etwa 150 g einkochen lassen. Das Stärkemehl hineintun und ständig rühren, bis der Saft dick wird. Den Fisch mit dem Saft übergießen und mit dem zerhackten Knoblauch bestreuen. Sofort servieren.

## Chao You Yu Juan

*500 g getrockneter Tintenfisch, 50 g getrocknete zarte oder Bambussprossen aus Dosen, 50 g grüne Paprikaschoten, etwas Hühnerbrühe, 500 g Schweineschmalz (Verbrauch 100 g), 25 ml Kochwein, 50 ml Sojasoße, Salz, Zucker, Zwiebelschalotten, Ingwer, Pfefferpulver, Maisstärke, Essig, Sesamöl, Glutamat*

## Gebratene Tintenfisch-Rollen

Vorbereitung
Den getrockneten Tintenfisch in warmem Wasser einweichen, bis er weich ist. Ihn dann mit einem scharfen Messer kreuzweise einkerben, danach in 3 cm lange und 0,5 cm breite Stücke schneiden. Die zarten Bambussprossen urnd die grüne Paprika in kleine Würfel schneiden. Zwiebelschalotten und Ingwer in kleine Scheiben schneiden. Die getrockneten Bambussprossen in einer Schüssel mit warmem Wasser 30 Minuten einweichen, dann die harten Stiele abhacken und die Sprossen in Scheiben schneiden.

In einer Schüssel Sojasoße, Wein, Salz, Zucker, Essig, Maisstärke, Zwiebelschalotten, Pfefferpulver, Ingwer, ein bißchen Sesamöl, Glutamat und einen Schuß Hühnerbrühe vermischen.

Zubereitung
Das Schweineschmalz in der Pfanne schmelzen. Wenn es heiß ist, den Tintenfisch hineintun und einige Sekunden braten. Das Öl weggießen. Mit genug Öl den Boden einer anderen Pfanne bedecken und sie über starker Flamme erhitzen. Bambussprossen und grüne Paprika darin Pfannenrühren. Den Tintenfisch dazugeben, einige Sekunden braten und die vorher gemischte Soße hineingießen. In eine Schüssel füllen und servieren.

烧魚
陳亭
画于
壬戌年
陳亭

## Hui You Yu Si

*500 g Tintenfisch, 250 g Bambussprossen (in Dosen), 100 ml Erdnußöl oder Pflanzenöl, 50 ml Sojasoße, Zwiebelschalotten und Ingwer, getrocknete Dung Ku-Champignons, 25 g Maisstärke*

## Geschmortes Tintenfisch-Ragout

Vorbereitung
Die Champignons in warmem Wasser 30 Minuten einweichen. Dann ihre harten Stiele abhacken und in Scheiben schneiden. Den Tintenfisch in feine Schnitzel schneiden. Diese in kochendem Wasser blanchieren.

Zubereitung
Genug Öl zum Bedecken des Bodens in eine Pfanne gießen und über starke Hitze setzen. Wenn das Öl heiß ist, Sojasoße, Zwiebelschalotten, Ingwer, Champignons und Maisstärke mit der Brühe hinzufügen. Dann den Tintenfisch und die Bambussprossen dazugeben. Rühren, bis alle Zutaten mit der Soße überzogen sind. Auf einer Platte servieren.

## He Bao Ji Yu

*2 Karauschen, insgesamt 750 g, (oder Forellen oder Makrelen), 300 g fettes und mageres Schweinefleisch, 50 g Bambussprossen, 50 g Champignons, 150 ml Pflanzenöl, 75 ml Sojasoße, 25 ml Kochwein, 2,5 g Glutamat, 30 g Zucker, 10 g Maisstärke, 25 g Zwiebelschalotten, 25 g Ingwer, etwas Salz*

## Gebratene Karausche

Vorbereitung
Den Fisch vom Rücken her öffnen, ausnehmen, abschuppen, die Flossen entfernen. Den Fisch waschen und abtropfen lassen. Das magere Schweinefleisch fein zerhacken. Die Bambussprossen in kleine Würfel schneiden. In einer Schüssel das Fleisch, die Bambussprossen, 25 ml Sojasoße, 10 ml Wein und 1,5 g Glutamat gründlich vermischen. Den Fisch mit dieser Füllung füllen, dafür sorgen, daß auch der Kopf gefüllt ist. Beide Seiten des Fisches mit kreuzweise laufenden Schnitten einkerben. Die Außenseite mit Sojasoße bestreichen. Die Champignons in warmem Wasser 30 Minuten einweichen. Dann die harten Stiele abhacken und die Pilze in Scheiben schneiden. Das fette Schweinefleisch in Streifen schneiden und beiseite legen.

Zubereitung
Das Öl in einer Pfanne zum Kochen bringen. Den Fisch in das Öl legen und ausbacken, bis er goldgelb ist. Ihn aus der Pfanne nehmen. Zwiebelschalotten und Ingwer auf den Boden der Pfanne legen. Den Fisch wieder hineintun. Wein, Zucker, Salz, Bambussprossen, fettes Fleisch, Sojasoße, Champignons, Glutamat und 500 ml Brühe hinzufügen. Alles über starker Hitze zum Kochen bringen. Dann die Hitze reduzieren und eine halbe Stunde brodeln lassen. Den Fisch in eine Servierschüssel legen. Die Hitze verstärken und Maisstärke zu der verbleibenden Soße hinzufügen. Rühren, bis sie sich verdickt. Dann auf den Fisch gießen und sofort servieren.

## Durchgebratene Flußkrebse (oder Riesengarnelen) in Soße

Vorbereitung
Die Krebse waschen, schälen und entadern, den Kopf und Schwanz entfernen.
Jeden Krebs in 4 diagonale Stücke schneiden. In einer Schüssel Maisstärke, Ei, etwas Wein und Salz und ein bißchen Glutamat vermischen. Jedes Stück Krebs eintauchen, so daß es gerade vor dem Braten leicht mit dem Teig überzogen ist. In einer Schüssel Brühe, Wein, Essig, Salz, Zucker, Zwiebelschalotten, Ingwer und Knoblauch mischen, um daraus 50 ml Soße zuzubereiten.

Zubereitung
In einer Pfanne das Öl fast zum Kochen bringen. Dann die Krebse eintauchen und sie Stück für Stück braten, bis die Außenseite knusprig ist. Sie dann herausnehmen. Das Öl weggießen und die Pfanne wieder über das Feuer setzen. Das Sesamöl eingießen und die Krebse Pfannenrühren. Die gut verrührte Soße hinzufügen. Gut verrühren, dann in eine Schüssel füllen und servieren.

## Zha Peng Da Xia

*250 g Krebsfleisch (aus 500 g Flußkrebsen), ein halbes Ei, 50 ml Öl, 1 g Glutamat, 75 g Maisstärke, 1,5 ml Kochwein, 2,5 ml Essig, 5 g Zwiebelschalotten, in Streifen geschnitten, 5 g Ingwer, zerschnitzelt, 5 g Knoblauch, in Scheiben geschnitten, 1 ml Sesamöl, 1,5 g Zucker, etwas Salz, Brühe*

## Weichgebratene Flußkrebse oder Riesengarnelen

Vorbereitung
Jeden Krebs in 4 Stücke schneiden. Aus einer Mischung von Maisstärke, Eiweiß, Wein, Glutamat und Salz eine dicke Paste zubereiten. Kurz vor dem Braten die Krebse in die Paste tauchen.

Zubereitung
In einer Pfanne das Öl fast zum Kochen bringen. Die Krebse in das Öl legen. Braten, bis sie sich fest anfühlen, danach herausnehmen. Das Öl fast zum Kochen bringen und die Krebse wieder in die Pfanne hineintun. Braten, bis sie goldgelb sind.
In der ersten Phase des Bratens sollte das Öl nicht zu heiß sein, andernfalls würden die Krebse an der Außenseite braun, aber roh an der Innenseite sein. Mit dem Pfeffersalz an der Seite als Würze servieren.

(Anmerkung des Verlages: In China werden die Riesengarnelen oft in der Schale gegart, und so werden sie auch serviert; die Schale wird ausgelutscht, denn da liegt der ganze Geschmack!)

## Ruan Zha Da Xia

*250 g Krebsfleisch (aus 500 g Krebsen), 50 ml Öl, 15 g Eiweiß, Maisstärke, Kochwein, Glutamat, Pfeffersalz, 0,5 g Salz*

## Liu Xia Duan

*500 g Riesengarnelen, 75 g Schweineschmalz, 15 ml Sojasoße, 10 ml Kochwein, 5 g Glutamat, 3 g Ingwer, 3 g Knoblauch, 3 g Maisstärke, in Wasser gelöst, 3 g Zwiebelschalotten, 3 g Salz*

## Sautierte Riesengarnelenstücke

Vorbereitung

Die Riesengarnelen waschen, schälen und entadern. Jede Riesengarnele in 5 Stücke schneiden. In einer Schüssel Wein, Glutamat, Salz und Maisstärke vermischen. Die Riesengarnelen in dieser Mischung marinieren.
In einer anderen Schüssel Sojasoße, Wein, Glutamat, Salz, Zwiebelschalotten, Ingwer, Knoblauch, Maisstärke, Brühe gut vermischen.

Zubereitung

In einer Pfanne das Schmalz schmelzen und es fast zum Kochen bringen. Die Riesengarnelen hineinlegen und braten, bis sie goldgelb sind. Sie herausnehmen und das Öl abtropfen lassen. Ein wenig heißes Schmalz in die Pfanne geben. Die Soße und die Riesengarnelen hinzufügen. 3 Sekunden durchbraten. Auf einer Platte servieren.

## You Bao Xia

*400 g Riesengarnelen, 10 g fein zerhackte Zwiebelschalotten, 10 g Ingwer, fein zerhackt, 25 ml Kochwein, 20 g Salz, 15 g Zucker, 10 g Glutamat, 2,5 ml Sesamöl, 750 ml Öl (Verbrauch 75 ml), Brühe*

## Sautierte Riesengarnelen

Vorbereitung

Die Fühler und Füße mit einer Schere wegschneiden. Waschen und abtropfen lassen.

Zubereitung

Eine Pfanne erhitzen und Öl hineingießen, bis es heiß ist, die Riesengarnelen hinzufügen und braten, bis die Schalen rot werden. Herausnehmen und das Öl weggießen. In dieselbe Pfanne wieder 25 ml frisches Öl geben. Wenn es heiß wird, Zwiebelschalotten und Ingwer hineingeben, danach Wein, Salz, Zucker, Glutamat und Brühe. Rühren und die Krebse hineintun. Nochmals verrühren, das Sesamöl darauf sprenkeln. Servieren.

## Zheng Da Zha Xia

*Lebendige See- oder Flußkrebse, Ingwer, fein zerhackt, Sojasoße, Essig*

## Gedämpfte Krebse

Vorbereitung

Die Krebse bürsten und waschen. Sie in einen Dampfkochtopf legen mit einem schweren Gewicht darauf, um die Krebse am Herauskommen zu hindern. In einer Schüssel Sojasoße, Essig und Ingwer mischen.

Zubereitung

Kaltes Wasser in den Dampfkochtopf gießen und über starker Hitze 30 Minuten dämpfen. Krebse sind gar, wenn die Schalen rot werden. Mit der Soße zum Eintauchen der Krebse sofort servieren.

癸亥春
陳亭

## Xia Xie Er Xian

*300 g Shrimps (geschält und entadert), 300 g Krebsfleisch, 10 ml Kochwein, 2,5 g Zwiebelschalotten, in Streifen geschnitten, 1 g Ingwer, fein zerhackt, 5 ml Sojasoße, 5 g Zucker, 2,5 g Glutamat, 1 Eiweiß, 0,5 g Pfefferpulver, 50 ml Brühe, 50 g Speck, 1 ml Essig, 3 g Salz, 25 g Maisstärke, 500 g Schweineschmalz (nur 100 g verbraucht)*

## Sautierte Shrimps und Krebsfleisch

Vorbereitung
Die Shrimps waschen und abtropfen lassen. Sie in einer Schüssel mit Eiweiß, Salz und Maisstärke mischen.
Beiseite setzen.

Zubereitung
Eine Pfanne vorwärmen und ein bißchen kaltes Öl zum Bedecken des Bodens der Pfanne hineintun. Das Schmalz dazugeben und weiter erhitzen. Wenn es heiß ist, die Shrimps hineintun. Gründlich braten, bis sie gar sind. Sie herausnehmen und das meiste Öl abtropfen lassen.
Ein wenig Öl in der Pfanne belassen, erhitzen, Zwiebelschalotten und Ingwer hinzufügen, Pfannenrühren. Den Speck und das Krebsfleisch dazugeben. Kochwein hinzufügen, rühren und die Hitze reduzieren. Die Pfanne bedecken und eine Weile brodeln lassen. Dann Brühe, Sojasoße, Zucker, Glutamat, Pfeffer und Essig dazugeben und zum Kochen bringen. Mit Maisstärke dicken, ein bißchen gekochtes Schmalz darüber träufeln, herausnehmen und auf der Hälfte einer Platte arrangieren.

Die Pfanne nochmals erhitzen und ein bißchen Öl hineingeben. Wenn es heiß ist, Kochwein, Glutamat und die vorbereiteten Shrimps hineintun. Glatt rühren, mit Schmalz sprenkeln, herausnehmen und auf der anderen Hälfte der Platte arrangieren und servieren.

## Zha Xia Qiu

*300 g Shrimps (geschält und entadert), 100 g Speck, 2 Eier, 3 g Salz, 1 ml Kochwein, 5 g Glutamat, 15 g Maisstärke, 0,5 g Pfefferpulver, 1 kg Schmalz (nur 50 ml verbraucht)*

## Gebratene Shrimps-Klöße

Vorbereitung
Die Shrimps waschen und abtropfen lassen. Shrimps und den Speck fein zerhacken, in eine Schüssel legen, Eier, Pfeffer, Salz, Wein und Glutamat dazugeben und gründlich mischen.
Die Maisstärke hinzufügen und gut vermischen.
Beiseite stellen.

Zubereitung
Eine Pfanne vorwärmen und das Schmalz hineintun. Aus der vorbereiteten Shrimpsmischung kleine Klöße formen. Wenn das Öl in der Pfanne heiß wird, die Shrimpsklöße hineingeben und über starker Hitze ausbacken. Wenn die Klöße zur Oberfläche schwimmen, sie immer wieder hin und her schieben und weiterbraten, bis sie gar sind. Auf einer Platte servieren.

## Durchgebratene Shrimps mit Schweinefleisch

## Chao Xia Ren You Si

*100 g Shrimps (geschält und entadert), 100 g Schweinefleisch (Lende, Nacken oder Schnitzel), geschnitzelt, 4 g Salz, 0,5 g Glutamat, 25 ml Kochwein, 1 Eiweiß, 250 g Schweineschmalz (nur 50 g verbraucht), 2,5 ml Sesamöl, 7,5 ml Maisstärke, in Wasser gelöst, Brühe*

Vorbereitung
Shrimps und Schweinefleisch-Schnitzel getrennt in zwei Schüsseln legen. Kochwein, Salz, Eiweiß und Maisstärke-Lösung gleichmäßig in die zwei Schüsseln verteilen. Gründlich vermischen.

Zubereitung
Eine Pfanne vorwärmen und das Schmalz hineingeben. Wenn es heiß ist, die Shrimps und das Fleisch hineintun und braten, bis sich die Stücke voneinander lösen und locker werden.
Herausnehmen und abtropfen lassen.
Das Öl abgießen, bis 25 ml in der Pfanne verbleiben. Die Pfanne wieder über dem Feuer erhitzen. Wein, Salz, Glutamat und ein bißchen Brühe hinzufügen und zum Kochen bringen.
Die Maisstärke-Lösung dazugeben, die gebratenen Shrimps und die Schweinefleisch-Schnitzel hineintun. Pfannenrühren und auf eine Platte geben. Sesamöl darauf sprenkeln und servieren.

## Shrimps mit Tomaten

## Xian Fan Qie Xia Ren

*500 g große Shrimps (geschält und entadert), 250 g frische Tomaten, 2 Eiweiß, 17,5 g Maisstärke, 2,5 ml Kochwein, 4 g Salz, 5 g Glutamat, 1 kg Schweineschmalz (nur 50 g werden verbraucht)*

Vorbereitung
Die Shrimps waschen und abtropfen lassen. In einer Schüssel das Eiweiß, Maisstärke und Salz nach Geschmack mischen. Die Shrimps hineingeben und jede gut damit überziehen.
Die Tomaten waschen, anschließend die Stiele und Samen entfernen und in kleine Stücke schneiden.

Zubereitung
Das Schweineschmalz in einer Pfanne erhitzen. Wenn es heiß ist, die Shrimps hineintun. Braten, bis sie gar sind. Herausnehmen und abtropfen lassen. Das Öl weggießen.

Die Pfanne wieder erhitzen, Wein, Salz, Glutamat und Tomaten dazugeben, danach die gebratenen Shrimps. Schnell rühren. Dann auf eine Platte geben und servieren.

癸亥春月
陳亭画

## „Bunter Feuertopf"

Vorbereitung
Schweinemagen, Hühnerbrust, Fischkaldaunen, Schweinesehnen, Schinken, Blätter des Senfkohls und Kohlherzen in Streifen schneiden, das Fleisch in kleine Happen, das Gemüse doppelt so groß.

Zubereitung
Den Kohl in einer Pfanne mit ein bißchen Schmalz und etwas Gewürze Pfannenrühren. Die Zutaten in einen Feuertopf legen, dabei den Kohl und die Nudeln auf den Boden, dann das Fleisch und darauf die Gemüse. Die Hühnerbrühe (1000 ml) bis zum Kochen erhitzen, nach Geschmack würzen und in den Feuertopf gießen. Um den Feuertopf zu erhitzen, die Holzkohle in der Mitte anzünden und alles zum Kochen bringen. Das Gericht im Feuertopf servieren.
Das ist eine Suppe und ein Menü-Gang zugleich.

(Der originale Feuertopf besteht aus einem Kupfergefäß mit eingebautem Brennofen. Ein kupfernes Fonduegefäß mit Rechaud kann auch benutzt werden).

## Shi Jin Huo Guo

*100 g Shrimps (geschält und in Öl gebraten), 100 g Schweinemagen (gekocht), 200 g Fisch-Kaldaunen, 200 g Seegurke (aufgeweicht), 150 g Hühnerbrust (gekocht), Herzen von China-Kohl, 400 g durchsichtige Glasnudeln (eingeweicht), 150 g getrocknete Schweinesehnen (eingeweicht), 10 kleine Fleischklöße, 10 Fischklöße, 50 g Yunnan-Schinken (gekocht), 100 g Senfkohl, 15 ml Sojasoße, 15 g Glutamat, 10 ml Kochwein, 100 g Schweineschmalz, 1000 ml Hühnerbrühe, Salz, Garnelenrogen*

# Hühner- und Entengerichte

## Bettler-Huhn

## Jiao Hua Zi Ji

*Ein Huhn (1,5 kg), 75 g mageres Schweinefleisch aus dem Bein, 200 g Speck, 50 g eingelegtes Gemüse, 15 ml Kochwein, 2 ml dunkelbraune Sojasoße, 2 ml scharfes Paprika-Öl, 10 g Pfeffer- und Salzgemisch, 2 g Ingwer, 50 g Schweineschmalz, 75 g Zwiebelschalotten, 2 g Glutamat, 65 g Salz, Papier, Lotosblatt, Bambusblatt, Treber, Lehm, Hanfseil, feuchtes Tuch*

Vorbereitung

Das Huhn waschen, die Füße abhacken. Die Knochen der Flügel, der Beine und des Halses zerbrechen. Die Außenseite der Beine mit einigen Schnitten einkerben. Das ganze Huhn nacheinander mit dem Pfeffer- und Salzgemisch und den Gewürzen bestreichen.

Danach das Huhn in eine Terrine legen, eine Mischung von Ingwerschnitzeln, Paprika-Öl und Wein hinzufügen und 15 Minuten marinieren. Herausnehmen.

Zubereitung

Das Schmalz in einer Pfanne erhitzen, das magere Schweinefleisch und die Zwiebelschalotten hinzugeben, über starker Hitze Pfannenrühren, bis es halb gar ist. Danach das zerhackte eingelegte Gemüse, Wein und Glutamat hinzutun, braten, bis es gar ist. Beiseite setzen.

Das gebratene geschnitzelte Schweinefleisch durch eine Öffnung unter dem Flügel in den Bauch des Huhns einstecken. Das Huhn in den Speck einhüllen, darum noch eine Schicht Bambusblätter wickeln. Es dann mit vier abgebrühten Lotosblättern und einem dünnen Hanfseil fest einpacken. Auf einem feuchten Tuch Lehm mit ein wenig Treber und Salzwasser mischen, das Huhn in das Gemisch einhüllen, das Tuch entfernen. Anschließend das Huhn in Papierbogen einpacken und mit einer 2 cm dicken Lehmschicht umhüllen.

Aus Kiefernzweigen ein Feuer entfachen. Das Huhn über dem Feuer 15 Minuten rösten lassen. Das Huhn mit Zweigen bedecken und noch eine halbe Stunde rösten lassen. Das Huhn dann umwenden und weiter eine halbe Stunde rösten lassen. Es danach in der Asche zwei Stunden liegen lassen, bis es gar ist. Zum Servieren den Lehm, die Bambusblätter und den Speck entfernen und das Huhn auf eine Platte legen.

Dieses Gericht ist eine berühmte Hangzhou-Spezialität. Allerdings ist die Zubereitung sehr aufwendig und außerhalb Chinas nur schwer durchzuführen.

怪味鸡
壬戌岁
陳亭
意写

## Gedämpftes Huhn

## Qing Zheng Ji

*1 junges Huhn (1,25 kg), 1 l Brühe, 20 ml Kochwein, 2 g Glutamat, 1 g Salz, 10 g Zwiebelschalotten und Ingwer*

Vorbereitung

Das Huhn reinigen, in kochendem Wasser blanchieren und dann in kaltem Wasser spülen.

Zubereitung

Das Huhn in eine feuerfeste Schüssel legen, Zwiebelschalotten, Ingwer, Kochwein, Brühe, Salz und Glutamat hinzufügen. In einen Dampfkochtopf stellen und kochen, bis es gar ist.

Das Huhn in eine Terrine legen. Die Brühe in einem Topf kochen, nach Geschmack würzen und in die Terrine gießen. Servieren.

## Knusprig gebratenes Huhn

## Xiang Su Ji

*1 zartes Huhn (1,5 kg), Blattsalat, Tomaten, Gurke, 150 ml Öl, 25 ml Kochwein, 25 g Zucker, 25 ml Sojasoße, 1 g Glutamat, 0,5 g Gewürznelke, 25 g Zimt, 1 g Pfefferkörner, 25 g Zwiebelschalotten und Ingwer, 15 g Salz, Brühe, Schweineschmalz*

Vorbereitung

Das Huhn ausnehmen, waschen und abtropfen lassen. Das ganze Huhn mit Salz einreiben und dann in eine Schüssel legen. Einige Stunden liegen lassen, es mit Wasser abspülen und wieder in die Schüssel legen. Wein, Pfefferkörner, Sojasoße, Zucker, Salz, Nelke, Zimt, Zwiebelschalotten, Ingwer und Brühe hinzufügen.

Zubereitung

Das Huhn in einen Dampfkochtopf setzen und dämpfen, bis es zart ist (2 bis 3 Stunden). Das Huhn herausnehmen. Das Schweineschmalz in einer Pfanne erhitzen. Wenn es zu rauchen beginnt, das Huhn hineintun und ausbacken, bis es an allen Seiten braun ist. Eine kleine Weile weiterbraten und dann herausnehmen. Zum Servieren das Huhn in Stücke schneiden und auf einer Platte arrangieren. Mit Salat, Tomate und Gurke garnieren. Beim Essen werden die Hühnerstücke in die Pfeffer- und Salz-Mischung eingetaucht.

Ente, Taube und Fasan können auch auf diese Weise zubereitet werden.

## Chao Shi Jian

*300 g Hühnermagen, 250 g Hühnerleber, 100 g Bambussprossen, 50 g getrocknete China-Pilze (Dung Ku), in Wasser eingeweicht, 50 g Herzen von China-Kohl, 20 ml Sojasoße, 10 ml Kochwein, 0,5 kg Schweineschmalz (nur 75 ml verbraucht), 10 g Zucker, 5 g Zwiebelschalotte, in Teile geschnitten, 20 g Maisstärke, 0,5 g Pfefferpulver, 25 ml Sesamöl, 25 ml Brühe, 0,5 g Salz, 10 g Glutamat*

## Sautierte Hühnermagen und -leber

Vorbereitung

Die Häutchen von dem Magen entfernen und diesen in dünne Scheiben schneiden. Die Leber, die Bambussprossen und die Pilze jeweils nacheinander in Scheiben schneiden. Den Kohl waschen und abtropfen lassen.

In getrennten Schüsseln Magen und Leber mit Salz, Pfefferpulver, Kochwein und Maisstärke mischen.

Zubereitung

Eine Pfanne über starke Hitze setzen und das Schmalz hineintun. Wenn es heiß ist, Magen und Leber dazugeben und rühren, dabei die Scheiben voneinander getrennt halten. Bambussprossen und Pilze hinzutun und braten, bis sie gar sind. In einen Seiher geben, um das Öl abzutropfen.

Die Pfanne wieder erhitzen, den Boden mit ein wenig Öl decken, die Zwiebelschalotten hineintun, danach den Kohl und leicht rühren. Magen, Leber, Bambussprossen, Pilze hineingeben sowie Kochwein, Brühe, Sojasoße, Zucker und Glutamat und gut verrühren. Mit der Maisstärke-Lösung dicken. Mit Sesamöl sprenkeln und auf einer Platte servieren.

## Qing Chao Sheng Ji Si

*200 g Hühnerbrust, 200 g Bambussprossen, 10 g Glutamat, 3,5 g Salz, 25 ml Maisstärke-Lösung, 10 ml Kochwein, Zwiebelschalotten, geschnitzelt, Knoblauch, in Scheiben geschnitten, Ingwer-Saft, ein halbes Eiweiß, 75 ml geschmolzenes Schweineschmalz, 25 ml Öl*

## Sautierte Hühnerschnitzel

Vorbereitung

Das Hühnerfleisch in feine Schnitzel schneiden. Das Eiweiß und die Maisstärke-Lösung in einer Schüssel mischen. Die Bambussprossen in Schnitzel schneiden und in kochendem Wasser blanchieren.

Zubereitung

In einer Pfanne das Schmalz über mäßiger Hitze erwärmen. Dafür sorgen, daß es nicht heiß ist, sonst wird das Hühnerfleisch zu zäh. Dieses hineintun und leicht rühren, bis sich die Schnitzel ganz trennen. Wenn es gerade gar ist, herausnehmen und abtropfen lassen. Die Pfanne erhitzen und Öl hinzugeben. Wenn es heiß ist, die Zwiebelschalotten und danach die Bambussprossen hineingeben. Leicht schwenken und dann Kochwein, Salz, Glutamat und Ingwersaft hinzufügen. Dann die Schnitzel hinzugeben. Leicht rühren und den Knoblauch hineingeben.

Auf eine Platte legen und servieren.

Dieses Gericht kann variiert werden: Statt der Bambussprossen können Bohnenkeimlinge, Spargel, Erbsen, Paprika und andere Gemüse verwendet werden.

## Sautierte Hühnerwürfel mit Peperoni

## Chao La Zi Ji Ding

*250 g Hühnerbrust, 100 g frische grüne scharfe Peperoni, Eiweiß, 10 ml Kochwein, 10 g Zucker, 10 g Sojapaste (Hoi Sin Sauce), 10 ml Sojasoße, 15 g Glutamat, Salz, Ingwer, Wasser, 100 g Schweineschmalz, Paprika-Öl nach Geschmack, 25 g Maisstärke, 5 g Sodapulver, 25 ml Öl*

Vorbereitung
Haut und Sehnen von der Hühnerbrust entfernen und diese locker klopfen. In Würfel schneiden. In einer Schüssel 25 g Maisstärke, 5 g Sodapulver, das halbe Eiweiß, 75 ml Wasser und Salz nach Geschmack vermischen. Die Würfel hineinlegen und gründlich mischen. Die Peperoni in Würfel schneiden.

Zubereitung
In einer Pfanne das Schmalz erhitzen. Wenn es heiß ist, die vorbereiteten Hühnerwürfel hineintun und braten, bis sie gerade gar sind. Herausnehmen und abtropfen lassen. Die Pfanne wieder erhitzen und die Peperoni Pfannenrühren. Herausnehmen und abtropfen lassen.
25 ml Öl in einer Pfanne erhitzen. Sobald es erhitzt ist, Sojapaste, Zucker, Sojasoße, Kochwein, Ingwer, Wasser, Salz und Glutamat hineintun und dauernd rühren. Wenn die Soße dick wird, Hühnerwürfel und Peperoni hineintun. Rühren, so daß sie gut überzogen sind.
Mit Paprika-Öl sprenkeln und servieren.

## Samtweiches Huhn

## Fu Rong Ji Pian

*75 g Hühnerbrustfleisch, 25 g Karpfen, 150 ml Eiweiß, 100 ml Hühnerbrühe, 2 Wasserkastanien aus der Dose, fein zerhackt, Zwiebelschalotten, geschnitzelt, 40 g Maisstärke-Lösung, 50 ml Öl, 2 g Glutamat, 0,5 g Salz, Ingwersaft, 10 ml Kochwein, 75 ml Schweineschmalz*

Vorbereitung
Die zähen Sehnen vom Hühnerfleisch entfernen. Mit dem Rücken eines Hackmessers das Hühnerfleisch zusammen mit dem Karpfenfleisch hacken, bis es fein zerhackt ist. In kaltes Wasser einlegen, so daß sich die Stückchen voneinander trennen. In einer Schüssel dem Fleisch von Huhn und Fisch nacheinander das Eiweiß hinzufügen, jedes Mal nur ein Drittel einmischen. Weiterrühren, bis es steif ist. Zuletzt die Wasserkastanien hinzufügen, danach die 10 ml Maisstärke-Lösung und etwas Glutamat. Gut vermischen.

Zubereitung
In einer Pfanne das Schmalz erhitzen. Wenn es warm ist, langsam die Hühner- und Fischfleisch-Paste hineingeben, jedes Mal nur ein Fünftel. Die Paste auf dem Boden der Pfanne durch Hin- und Herschieben braten. Wenn sie an die Oberfläche des Öls schwimmt und milchig weiß wird, herausnehmen und das Öl abtropfen lassen.
In einer sauberen Pfanne Dreiviertel der Brühe erhitzen. Nach Geschmack mit Kochwein, Salz, Glutamat und Ingwersaft würzen. Zum Kochen bringen. Mit Maisstärke-Lösung ein wenig dicken. Zwiebelschalotten, Öl und das vorbereitete Hühner- und Fischfleisch hinzufügen. Glatt rühren. In eine Servierschüssel füllen und servieren.

## Ga Li Ji Ding

*0,5 kg Hühnerbrust, 200 ml Brühe, 10 g Zucker, 20 g Maisstärke, 10 ml Kochwein, 2 Eiweiß, 2 g Salz, 15 g Currypulver, 1,5 g Glutamat, 0,5 kg Schmalz (nur 75 g verbraucht)*

## Curry-Hühnerwürfel

Vorbereitung
Die zähen Sehnen von der Hühnerbrust entfernen. Die Brust in kleine Würfel schneiden. Sie in eine Schüssel legen, Wein und Salz hinzufügen und gut vermischen. In einer anderen Schüssel aus Eiweiß und Maisstärke eine Paste herstellen. Die Paste auf die Hühnerwürfel geben und gut vermischen.

Zubereitung
Eine Pfanne über starker Flamme erhitzen und das Schmalz hineintun. Wenn es heiß ist, die Hühnerwürfel dazugeben und Pfannenrühren, bis sie gar sind. Herausnehmen und abtropfen lassen. Das Schmalz abgießen und dabei nur 15 ml in der Pfanne belassen.

Die Pfanne nochmals erhitzen. Salz, Zucker, Wein, Brühe und Currypulver hinzufügen und zum Kochen bringen. Mit Maisstärke-Lösung dicken und die gebratenen Hühnerwürfel hinzugeben. Rühren. Auf eine Platte geben und servieren.

## Ga Li Ji Kuai

*0,5 kg zartes Huhn (gereinigt), 150 g Kartoffeln, 25 g Zwiebeln, 5 g Salz, 15 ml Curry-Öl, 10 ml Kochwein, 1,5 g Glutamat, 400 ml klare Brühe, 25 ml Maisstärke, in Wasser gelöst, Pflanzenöl, 15 g Schweineschmalz*

## Curry-Hühnerstücke

Vorbereitung
Das Huhn in kleine Stücke schneiden. Die Kartoffeln in keilförmige Stücke schneiden. Die Zwiebeln in Scheiben schneiden.

Zubereitung
In einer Pfanne das Öl erhitzen, bis es warm ist. Die Kartoffeln hineingeben und braten, bis sie sich zu bräunen beginnen und an die Oberfläche des Öls schwimmen. Herausnehmen und beiseite legen. Die Hitze verstärken und das Öl erhitzen, bis es heiß ist. Die Zwiebeln hinzufügen und unter Rühren leicht braten, bis sie halb gar sind. Herausnehmen und beiseite stellen. Einen Topf über starke Hitze setzen. Klare Brühe, Hühnerstücke und Kochwein hineingeben. Zum Kochen bringen, bis sich Schaum bildet. Den Schaum abschöpfen. Salz und Glutamat hinzufügen, den Topf bedecken und über schwacher Hitze 25 Minuten weiterkochen. Wenn das Huhn zart ist und das Fleisch sich von den Knochen lösen kann, das Curry-Öl, die Kartoffeln und Zwiebeln hinzufügen. Mit Maisstärke-Lösung und 15 ml geschmolzenem Schmalz dicken und glatt rühren. Auf einer Platte servieren.

癸亥新年春月陳亭画于北京

## Yi Ji San Chi

*Ein junges Huhn (1,75 kg), 200 g grüne Paprikaschoten, 200 g Bambussprossen, 100 g getrocknete China-Pilze (Dung Ku), in Wasser eingeweicht, 50 g frische Champignons, 2 Eiweiß, 50 ml Kochwein, 50 ml Sojasoße, 12,5 g Salz, 10 g Zucker, 15 g Glutamat, 30 g Maisstärke, 10 g Melasse, 5 g Zwiebelschalotten, in Streifen geschnitten, 5 g Ingwer, in Scheiben geschnitten, 2,5 g Zwiebelschalotten, fein zerhackt, 600 ml Maisstärkelösung, 850 ml Brühe, 750 g Schweineschmalz (nur 200 g verbraucht), 15 ml Sesamöl, 2,5 g Hühnerschmalz*

## Drei Gerichte aus einem Huhn

Vorbereitung

Das Huhn reinigen. Das Brustfleisch abschneiden, es enthäuten und dann in Würfel schneiden. Den Rest des Huhnes in Stücke schneiden. Die Hälfte der Bambussprossen und die Paprika in kleine Würfel schneiden. Den Rest der Bambussprossen in größere Stücke schneiden. Die Stiele von den Champignons entfernen und sie spülen. Die Hühnerbrust-Würfel mit Wein, Eiweiß, Salz und Glutamat mischen. Sie dann mit Maisstärke überziehen. Beiseite stellen.

Zubereitung

Eine Pfanne über starker Hitze vorwärmen und 50 g Schmalz hineingeben. Wenn es heiß ist, die Zwiebelstreifen und den Ingwer hineintun, danach die größeren Hühnerstücke, Bambussprossen und Champignons. Pfannenrühren. Kochwein, Sojasoße, Salz und Zucker zum Würzen hinzufügen. Nochmals rühren und Brühe und Melasse dazugeben. Gut vermischen, die Pfanne bedecken und zum Kochen bringen. Dann die Hitze reduzieren und schmoren, bis die Hühnerstücke zart sind. Beiseite setzen.
Eine andere Pfanne erhitzen und Schmalz hineingeben. Wenn es heiß ist, die Hühnerbrust-Würfel hineintun und Pfannenrühren, bis sie gar sind. Sie in einen Seiher tun und abtropfen lassen.
Die Pfanne wieder erhitzen und ein bißchen Schmalz hineingeben. Wenn es heiß ist, die in Würfel geschnittenen Bambussprossen und grüne Paprika hineintun. Unter Rühren braten und Kochwein hinzufügen. Dann die Hühnerbrust-Würfel dazu geben, mit Salz und Glutamat würzen. Brühe eingießen und kochen, bis die Würze in das Fleisch einzieht. Mit einer Maisstärke-Lösung dicken, glatt rühren, Sesamöl darauf sprenkeln und herausnehmen. Das sind „Unter Rühren gebratene Hühnerwürfel“.
Die vorbereiteten Hühnerstücke in die Pfanne legen und über starker Hitze kochen. Wenn sie zum Kochen kommen, mit einer Maisstärke-Mischung dicken. Das sind „Geschmorte Hühnerstücke in brauner Sojasoße“.

Leber, Magen und Herz des Huhns in Scheiben schneiden. Brühe erhitzen und zum Kochen bringen. Mit Kochwein, Salz und Glutamat würzen und dann Leber, Magen und Herz hineinlegen, danach die Champignons. Alles wieder zum Kochen bringen, den Schaum abschöpfen, zerhackte Zwiebelschalotten und geschmolzenes Schmalz darauf sprenkeln und in eine Servierschüssel tun. Hühnerschmalz darüber sprenkeln und servieren. Das ist „Hühnersuppe mit Leber“.

## Weich gebratenes Huhn

## Ruan Zha Ji

*400 g zartes Hühnerfleisch, 250 g Kohlherzen, Sesamöl, Erdnußöl oder Pflanzenöl, Salz, Kochwein, Glutamat, Ei, Maisstärke, Zucker, Essig, Tomatenketchup, Pfefferpulver- und Salz-Mischung*

Vorbereitung
Das Huhn in Fingerspitzen-große Würfel schneiden. Die Würfel in einer Mischung von Salz, Glutamat und Kochwein marinieren. Eiweiß und Maisstärke zu einer Paste mischen. Die Würfel mit der Paste überziehen. Den Kohl in Schnitzel schneiden und dann mit einer Soßen-Mischung von Zucker, Essig und Tomatenketchup würzen.

Zubereitung
Das Öl in einer Pfanne über starker Flamme erhitzen. Wenn es heiß ist, die Hühnerwürfel Stück für Stück hineingeben, sie dann braten, bis die Paste knusprig wird. Aus dem Öl nehmen. Das Öl wieder heiß werden lassen und die Hühnerwürfel nochmals braten, bis sie hellbraun sind. Sie wieder aus dem Öl herausnehmen. Einige Tropfen Sesamöl darauf gießen und sie gleichmäßig zurechtschütteln. Auf eine Seite einer Platte legen, den gewürzten Kohl auf die andere Seite.
Die Pfefferpulver- und Salz-Mischung auf das gebratene Huhn sprenkeln und servieren.

## Geröstetes Huhn der Shandong-Küche

## Shan Dong Shao Ji

*Ein junges zartes Huhn (etwa 750 g), 75 g Zwiebelschalotten, 50 g Ingwer, 20 g Fenchel, 15 g Anis, 75 ml Sojasoße, 25 ml Kochwein, 75 ml Öl, Salz*

Vorbereitung
Das Huhn waschen und reinigen. Es mit einer Mischung von Sojasoße, Salz und Kochwein bestreichen, und dann in Zwiebelschalotten, Ingwer, Fenchel und Anis einen Tag lang marinieren.

Zubereitung
In einer Pfanne das Öl erhitzen, bis es heiß ist. Das Huhn hineinlegen und gründlich braten, bis es goldgelb ist. Herausnehmen und abtropfen lassen. Das Huhn mit einem Teil der Gewürze stopfen und in eine große feuerfeste Schüssel legen. 50 g Zwiebelschalotten und 25 g Ingwer hinzufügen. Die Marinade auf das Huhn gießen. Die Schüssel in einen Dampfkochtopf setzen und eine halbe Stunde dämpfen, bis das Hühnerfleisch leicht von den Knochen gelöst werden kann. Herausnehmen. Die Suppe abfüllen. Zwiebelschalotten, Ingwer und andere Gewürze herausnehmen.
Auf eine Platte legen. Zum Servieren in Stücke schneiden und mit Salatblättern garnieren.

中國名菜烤鴨

# Geröstete Peking-Ente

## Bei Jing Kao Ya

*Eine speziell gefütterte Peking-Ente (2-3 kg), 20 ml Malzzucker-Lösung, eine Untertasse süße Sojapaste (Hoi Sin Sauce), eine Untertasse Zwiebelschalotten, in Streifen geschnitten, eine Untertasse dünne Mehlfladen in Form von Lotosblättern*

Vorbereitung

Die Ente schlachten und waschen. Die Füße und die Spitzen der Flügel abhacken. Dann wie folgt vorbereiten:

1. Aus einer Öffnung in der Kehle die Speiseröhre zur Seite schieben und mit dem Daumen der linken Hand von der Kehle abtrennen. Sie herausnehmen, ohne sie zu brechen. Sie in die Luftröhre einstecken. Dann durch die Öffnung in der Kehle Luft in die Ente pumpen.
2. Um die inneren Organe zu entfernen, ein scharfes Messer mit guter Spitze benutzen und unter dem rechten Flügel einen 16 cm langen, gebogenen Schnitt machen (Luft aus diesem Teil auslassen). Von dieser Öffnung aus einen Zeigefinger und einen Mittelfinger in den Bauch stoßen und alle Organe herausholen. Dann einen 20 cm langen Stock einstecken und zwischen dem Rückgrat und den Brustknochen plazieren, um die Körperhöhle offen zu halten und die Haut zu spannen.
3. Die Innenseite der Ente in einem Gefäß mit klarem Wasser waschen. Wasser durch die Öffnung unter den rechten Flügel in die Ente strömen lassen. Das Wasser durch den After der Ente abfließen lassen. Diesen Vorgang wiederholen, bis die Innenseite sauber gewaschen ist.
4. Die Haut abbrühen und mit Malzzucker überziehen: Die Ente am Hals auf einen Haken hängen. Kochendes Wasser dauernd auf die Ente gießen, bis die Haut eingeschrumpft ist. Die Ente danach mit Malzzucker-Lösung bestreichen.
5. Die Haut abtrocken: Die Ente in Zugluft hängen.
6. Den Entenbauch mit Wasser füllen: Einen Holzstöpsel in den After der Ente drücken und dann Wasser durch die Öffnung unter dem Flügel in die Ente eingießen, bis etwa sieben Zehntel des Entenbauchs gefüllt sind).

Zubereitung

Die Ente in einen Bratofen mit starker Hitze hängen. Während des Röstens die Ente immer wieder drehen, bis sie gar und an allen Seiten goldgelb ist (nach etwa 30 bis 40 Minuten). Herausnehmen und in Scheiben schneiden. Auf einer Platte arrangieren und zusammen mit süßer Sojapaste, Zwiebelschalotten und dünnen Fladen servieren.

Dieses Gericht ist eine berühmte Pekinger Spezialität. Allerdings erfordert die Vorbereitung großes Geschick, so daß die Zubereitung außerhalb Chinas nur unter erheblichem Aufwand erfolgen kann.

## Chao Ya Pian

*0,5 kg Entenbrust mit Haut, 150 g grüne scharfe Peperoni, 1,5 g Salz, Eiweiß von 2 Eiern, 1 g Glutamat, 5 ml Kochwein, 0,5 g Zucker, 5 ml Sesamöl, 1 g Zwiebelschalotten, in Streifen geschnitten, 500 g Schweineschmalz (nur 75 g verbraucht), 15 ml Maisstärke-Lösung, 75 ml Brühe*

## Unter Rühren gebratene Entenscheiben

Vorbereitung
Die Ente enthäuten, dann in dünne Scheiben schneiden. In einer Schüssel Eiweiß, Salz und Maisstärke verbinden. Die Entenscheiben hinzufügen und gründlich vermischen. Die grüne Peperoni in Scheiben schneiden.

Zubereitung
Das Schmalz in einer Pfanne erhitzen. Wenn es heiß ist, das Fleisch hinzugeben. Pfannenrühren, so daß alle Scheiben getrennt werden. Wenn sie fast gar sind, herausnehmen und das Öl abtropfen lassen.

Die Pfanne mit den restlichen 25 ml Schmalz wieder über das Feuer setzen. Die Streifen der Zwiebelschalotten und grüne Peperoni hineintun und unter Rühren braten. Kochwein, Brühe, Glutamat, Salz und Zucker hinzufügen, danach das Entenfleisch. Rühren. Mit der Maisstärke-Lösung dicken. Glatt rühren. Mit Sesamöl besprenkeln. Auf einer Platte servieren.

## Qie Zhi Jian Ya Tui

*400 g Entenkeulen oder -schenkel, 100 g Zwiebeln, 50 g grüne Erbsen, 2 Eier, 50 ml Tomatensoße, 50 ml scharfe Soße, 10 g Glutamat, 10 g Salz, 10 ml Kochwein, 20 g Zucker, 25 g Maisstärke, 3,5 g Pfefferpulver, 150 ml Öl, 50 ml Brühe*

## Gebratene Entenbeine in Tomatensoße

Vorbereitung
Die großen Knochen aus den Entenkeulen entfernen. Das Fleisch mit dem Rücken eines Hackmessers locker klopfen und die Oberfläche leicht einkerben. In Salz, Glutamat, Kochwein und Pfefferpulver 10 Minuten marinieren. Die Zwiebeln in Scheiben schneiden.
In einer Schale die Eier und 15 g Maisstärke mischen. Die Entenkeulen mit einer dünnen Schicht trockener Maisstärke überziehen und dann in die Eierpaste tauchen. Jedes Stück gut überziehen.

Zubereitung
Das Öl in einer Pfanne erhitzen. Wenn es heiß ist, die Entenkeulen hineintun und braten, bis sie fast gar sind. Aus der Pfanne nehmen und abtropfen lassen.
Die Pfanne mit ein wenig Öl wieder erhitzen. Die Zwiebeln hineingeben und Pfannenrühren. Wenn sie goldgelb sind, die grünen Erbsen hinzufügen, danach Kochwein, scharfe Soße, Tomatensoße, Salz, Zucker, Glutamat und Brühe. Nach Geschmack würzen.
Die Entenkeulen hinzugeben und kochen. Wenn die Soße zusammengekocht ist, die Entenkeulen herausnehmen. Sie in Stücke schneiden und auf einer Platte garnieren. Den Saft in der Pfanne mit ein wenig Maisstärke-Lösung dicken und auf die Entenkeulen gießen. Servieren.

# Eiergerichte, süße Speisen und Suppen

## Gedämpfte Eiercreme

## Zheng Ji Dan Geng

*400 g Eier, 400 ml kalte Brühe, 7,5 g Salz, 25 ml Kochwein, 5 g Glutamat, 25 g Schweineschmalz*

Vorbereitung
Die Eier gut schlagen. Salz zum Auflösen in die Brühe geben. Diese mit den Eiern in einer großen Schüssel mischen. Kochwein und Glutamat hinzufügen und gut rühren. Schmalz hinzufügen.

Zubereitung
Die Schüssel in einen Dampfkochtopf stellen und 30 Minuten dämpfen. In derselben Schüssel servieren.

Die gedämpfte Eiercreme kann auch mit unter Rühren gebratenem Fleisch überdeckt werden. Zur Vorbereitung muß man das fein gehackte Fleisch Pfannenrühren, bis es gar ist. Brühe hinzufügen, mit Sojasoße nach Geschmack würzen und mit Maisstärke-Lösung leicht dicken.

## Schinken mit Eiern

## Huo Tui Dun Dan

*3 Eier, 15 g Schinken, 15 g Schweineschmalz, 0,5 g Glutamat, 5 g fein gehackte Zwiebelschalotte, 4 g Salz, 10 ml Kochwein, 300 ml Brühe*

Vorbereitung
Den Schinken fein hacken. Die Eier in einer feuerfesten Schüssel schlagen. Kochwein, Glutamat, Salz, Zwiebelschalotten und Brühe hinzufügen und gut mischen.

Zubereitung
Das Schmalz darüber geben. Die Schüssel in einen Dampfkochtopf über schwache Hitze stellen und 15 Minuten dämpfen. Herausnehmen und den fein gehackten Schinken obenauf streuen.
In der Schüssel servieren.

## Zha He Bao Dan

*1 Ei, Salz, Öl*

## Gebratenes Lotos-Ei

Zubereitung
Das Öl in einer Pfanne erhitzen. Ein wenig Öl in eine Metallkelle tun. Ein Ei in die Kelle brechen. Die Kelle mit dem Ei in das heiße Öl halten. Wenn das Ei fest wird, dieses direkt in das Öl legen und gründlich braten, bis es gar ist.

## Xia Ren Pao Dan

*10 Eier, 200 g Shrimps, geschält und entadert, Eiweiß von einem Ei, 1,5 g Maisstärke, 0,5 g Salz, 10 g Glutamat, 400 g Schweineschmalz (nur 250 g verbraucht), 25 ml Kochwein*

## Shrimps mit Ei

Vorbereitung
Die Eier in eine Schüssel brechen. Salz und Glutamat hinzufügen und gut schlagen. Beiseite setzen.
Die Shrimps waschen und abtropfen lassen. Sie in eine Schale geben, 0,5 g Salz, Glutamat, ein Eiweiß und 1,5 g Maisstärke hinzufügen. Gut mischen.

Zubereitung
Eine Pfanne über starker Flamme erhitzen und das Schmalz hinzugeben. Wenn es heiß ist, die Shrimps hineingeben und braten, bis sie gar sind. Herausnehmen und das Schmalz abtropfen lassen. Die Shrimps mit den Eiern mischen.
Die Pfanne wieder über das Feuer (oder auf die Herdplatte) setzen und 150 ml Schmalz hineingießen. Wenn es heiß ist, die Mischung aus Eiern und Shrimps dazugeben.

Während des Bratens die Pfanne dauernd drehen und die Eier von Zeit zu Zeit wenden. Mit Kochwein besprenkeln, auf einer Platte servieren.

## Gua Shuang Dan Kuai

*4 Eier, 500 ml Pflanzenöl (Verbrauch 75 ml), 100 g Maisstärke, 150 g Puderzucker, Eiweiß von 2 Eiern*

## Eierkuchen

Vorbereitung
Die Eier in eine Schüssel schlagen, 50 g Maisstärke hinzufügen und rühren, bis es eine Paste wird. Das Eiweiß und 50 g Maisstärke zu einer zweiten Paste vermischen.

Zubereitung
Bei starker Hitze das Öl in einer Pfanne erhitzen. Die erste Paste hineingeben, so daß ein 3 mm dicker Eierkuchen entsteht. Wenn die beiden Seiten fest sind, ihn herausnehmen und in 3 cm lange Stücke schneiden. Die Stücke in die Eiweiß- und Maisstärke-Paste tauchen. Öl in einer Pfanne erhitzen und fast zum Kochen bringen, die überzogenen Eierstücke hineintun und braten. Sie sind gar, wenn sie goldgelb sind. Puderzucker darauf sprenkeln und servieren.

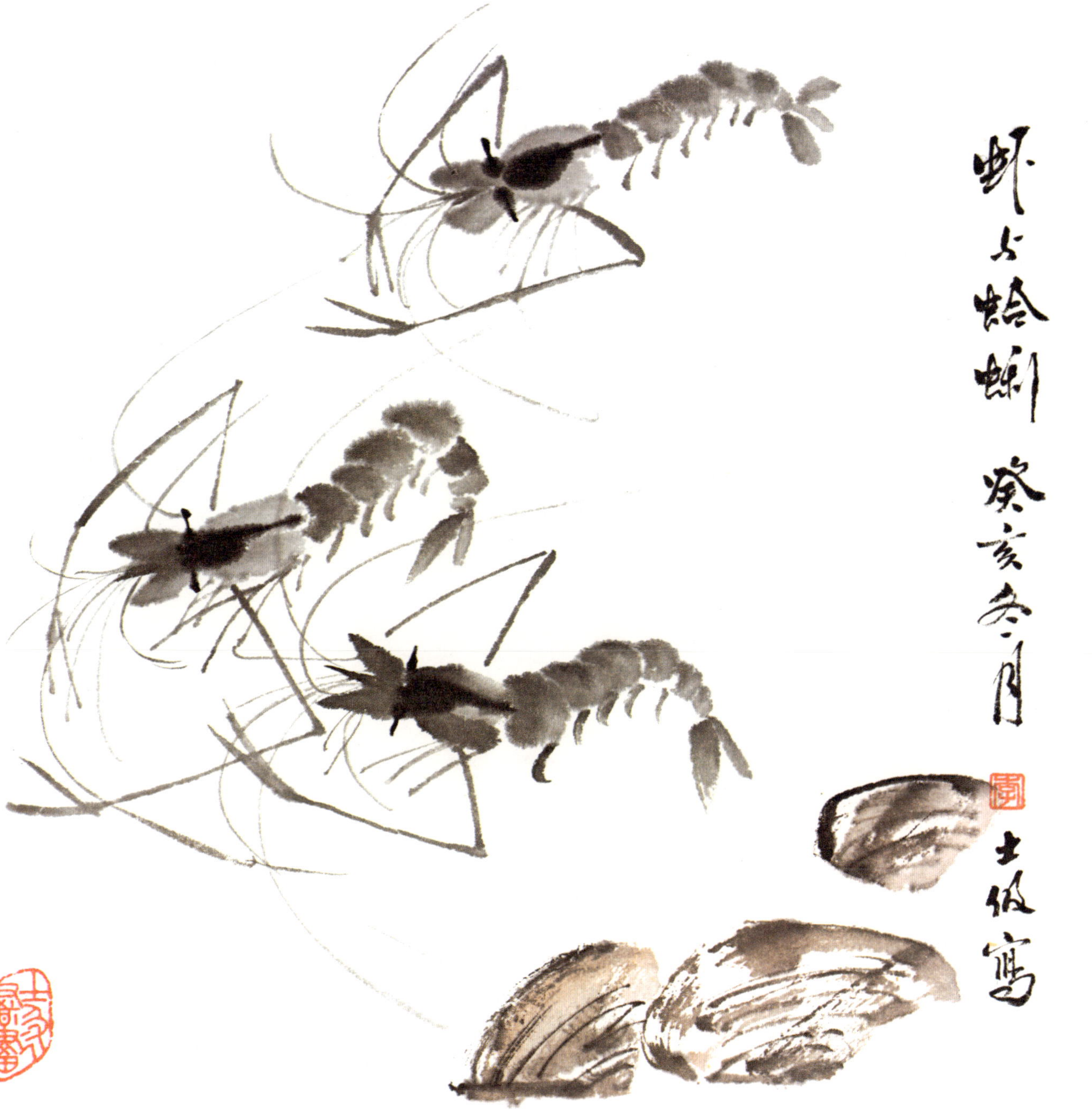
虾与蛤蜊
癸亥冬月

## Si Hong Shi Chao Ji Dan

*250 g Tomaten, 6 Eier, 10 g Maisstärke, 15 g Salz, 30 ml Erdnußöl oder Pflanzenöl, ein wenig Ingwer, zerhackte Zwiebelschalotten und Glutamat*

## Pfannengerührte Eier mit Tomaten

Vorbereitung
Die Eier in eine Schüssel schlagen, Salz und gehackte Zwiebelschalotten hinzufügen. Die Tomaten in kochendem Wasser abbrühen, Haut und Stiele entfernen. Sie der Länge nach in Hälften schneiden und dann kreuzweise in keilförmige Stückchen teilen.

Zubereitung
20 ml Öl in einer Pfanne über starker Flamme erhitzen, und die Eier Pfannenrühren. Herausnehmen, wenn sie fast gar sind.
Die Pfanne wieder erhitzen und Öl hinzugeben. Wenn es heiß ist, die fein gehackten Zwiebelschalotten und Ingwer und dann die Tomatenstücke hineingeben und Pfannenrühren. Die Eier mit Salz und Glutamat (oder Zucker) nach Geschmack hinzugeben. Pfannenrühren. Wenn die Eier zu wässerig sind, mit ein wenig Maisstärke verdicken. Auf einer Platte servieren.
Variante: Statt Tomaten können auch grüne Paprika, Gurke oder Kohl verwendet werden.

## Xi Hong Shi Dan Tang

*250 g Tomaten, ein Ei, Maisstärke, 10 ml Erdnußöl oder Pflanzenöl, 30 ml Sojasoße, Zwiebelschalotten und Ingwer*

## Tomaten- und Eiersuppe

Vorbereitung
Die Tomaten in kochendem Wasser abbrühen und dann schälen, danach in große Scheiben schneiden.

Zubereitung
Das Öl in einer Pfanne über starker Flamme erhitzen. Zwiebelschalotten und Ingwer hinzugeben. Pfannenrühren. Die Sojasoße hinzufügen, dann das Wasser hineingießen. Die Tomaten hineintun und zum Kochen bringen. Die Maisstärke hinzufügen und das geschlagene Ei langsam hineinschütten. Servieren.

## San Xian Tang

*100 g Huhn, geschnitzelt, 50 g Bambussprossen, geschnitzelt, 25 g getrocknete China-Pilze (Dung Ku), in Wasser eingeweicht, Brühe, Kochwein, Glutamat, Sojasoße nach Geschmack*

## Hühnerschnitzel-Bouillon

Zubereitung
Huhn, Bambussprossen und Pilze in kochendem Wasser blanchieren. Dann in Wein, Sojasoße und Glutamat marinieren. Die Brühe in einem Topf zum Kochen bringen und dann Huhn, Bambussprossen und Pilze hineintun. Servieren.

## Honig-Jamswurzeln

## Mi Zhi Shan Yao Duan

*0,75 kg China-Jamswurzeln, 300 g Zucker, 50 g Honig, ein wenig Kassia, 25 g Gurke, 25 g Azarolen-Gelee, Sesamöl, 750 ml Wasser*

Vorbereitung
Die Jamswurzeln schälen und in 8 cm lange Stücke schneiden. Den Gelee und die Gurke in kleine Würfel schneiden.

Zubereitung
Ein wenig Sesamöl in eine Pfanne gießen, 50 g Zucker hinzufügen und rühren, bis der Zucker goldgelb wird. Die Jamswurzeln hineintun und mit dem geschmolzenem Zucker überziehen. Wasser, 250 g Zucker, 50 g Honig und Kassia hineingeben. Die Hitze reduzieren. Brodeln lassen, bis die Wurzeln weich werden und der Zucker die Zähigkeit von Honig erhält. Auf eine Platte legen, mit dem Gelee und Gurken garnieren und servieren.

## Filet- und Gurken-Bouillon

## Cuan Li Ji Tang

*0,5 kg Schweine-Lendenstück, 200 g Gurke, 100 ml Sojasoße, Salz, Öl, Brühe, Zwiebelschalotten und Ingwer*

Vorbereitung
Das Schweinefleisch in dünne Scheiben schneiden. Die Gurke in Scheiben shneiden.

Zubereitung
In einem Topf Sojasoße, Öl und Ingwer vermischen. Die Brühe hinzugeben und über starker Hitze zum Kochen bringen. Das Schweinefleisch der kochenden Suppe hinzufügen, die Hitze reduzieren. Wenn Schaum auf der Oberfläche entsteht, das Fleisch herausfischen. Den Schaum abschöpfen und die Gurke hinzutun. Nach Geschmack würzen. Das Fleisch hinzufügen und servieren.
China-Kohl, Spinat, Wintermelone, Rettich, Bambussprossen oder andere Gemüse können die Gurke ersetzen.

## Rettich-Suppe

## Kai Yang Luo Bo Si Tang

*100 g Rettich, 7,5 g getrocknete Krabben, 15 g Schmalz, Salz, Zwiebelschalotten, Kochwein, Glutamat, Brühe*

Vorbereitung
Den Rettich in dünne Schnitzel schneiden.

Zubereitung
Ein wenig Schmalz in einen Topf tun, Zwiebelschalotten hineingeben, Pfannenrühren, ein wenig Wein hinzufügen. Dann Kochwein, Brühe und Wasser hineingießen. Rettich und Krabben hinzufügen. Die Suppe zum Kochen bringen, Glutamat, Salz und restliches Schmalz hinzugeben. Serieren.

## Cuan Wan Zi Tang

*150 g fein gehacktes mageres Schweinefleisch, 250 g Gemüse (Gurke oder Spinat), in Stücke geschnitten, 25 g Eiweiß, 5 g zerhackte Zwiebelschalotte, 5 g zerhackter Ingwer, 1,5 g Glutamat, 10 ml Kochwein, 15 g Salz, 10 g getrocknete Krabben, in warmem Wasser eingeweicht, 1 g Sesamöl, 1000 ml Brühe*

## Fleischklöße in klarer Suppe

Vorbereitung
In einer Schüssel das Schweinefleisch mit etwas Brühe vermischen. Dann mehr Brühe dazugeben und vermengen, bis die Mischung dick wird. Eiweiß, Salz, Glutamat, Kochwein, Sesamöl, zerhackte Zwiebelschalotte und Ingwer hinzufügen. Vermischen, bis das Fleisch weiß und weich wird.

Zubereitung
In einem Topf Wasser kochen und kleine Klöße aus dem Schweinefleisch in das Wasser hineintun. Bei schwacher Hitze sieden lassen.
Die Krabben und Stücke des frischen Gemüses in diese Brühe geben. Die Suppe in Schüsseln löffeln und servieren.

## Rou Si Dou Fu Tang

*250 g Sojabohnenquark, 50 g Schweinefleisch (Lende, Nacken oder Schnitzel), 1 g Glutamat, 15 ml Kochwein, 25 g Schweineschmalz, 5 ml Sesamöl, 500 ml Brühe, 1 g Salz, 0,5 g Pfefferpulver*

## Schweinefleisch- und Sojabohnenquarksuppe

Vorbereitung
Das Schweinefleisch in Schnitzel schneiden, den Sojabohnenquark in Würfel.

Zubereitung
In einen Topf über starker Hitze die Brühe und das geschnitzelte Fleisch zusammen hineintun. Ständig rühren. Wein hinzufügen. Den Schaum abschöpfen. Sojabohnenquark, Schmalz, Salz und Glutamat dazugeben, dann das Sesamöl und das Pfefferpulver. Wenn der Sojabohnenquark an die Oberfläche schwimmt, ist die Suppe gar. Servieren.

## Que Yuan Tang

*125 g Fischfleisch, 10 g Schinken, 25 g fettes Schweinefleisch, 25 g Speck, 100 g Spinat, Eiweiß von 2 Eiern, 25 ml Kochwein, 5 g Zwiebelschalotten, fein zerhackt, 10 g Salz, 725 ml Brühe, 15 g Hühnerschmalz, 250 ml Wasser*

## Fischkloß-Suppe

Vorbereitung
Das Fischfleisch und das fette Schweinefleisch fein hacken. In einer Schüssel dieses Fleisch mit Eiweiß, Salz und Wein gründlich vermischen. Dann das Wasser hinzufügen. Den Schinken fein hacken. Den Speck in kleine Würfel schneiden, mit den gehackten Zwiebelschalotten mischen. Mit dieser Mischung 12 Fleischklöße herstellen, indem sie in das gehackte Fischfleisch- und Schweinefleisch-Gemisch eingehüllt werden.

Zubereitung
Brühe in einem Topf zum Kochen bringen. Fleischklöße, Wein, Salz und Hühnerschmalz hinzufügen. Spinat hineingeben. Kochen, bis die Suppe gar ist.

壬戌年十二月陳亭寫于北京

## Xiang Gu Qing Cai Tang

*50 g getrocknete Champignons, in warmem Wasser 30 Minuten eingeweicht, 8 Herzen von China-Kohl, 1,5 g Glutamat, 2 g Salz, 5 g Sesamöl, 5 ml Kochwein, 250 ml Brühe, 10 ml Pflanzenöl*

## Champignon- und Gemüse-Bouillon

Vorbereitung
Den Kohl und die Pilze waschen.

Zubereitung
Das Öl in einer Pfanne erhitzen. Kohl, Brühe, Champignons, Wein und Salz hinzufügen. Zum Kochen bringen, Glutamat und Sesamöl hinzugeben. Servieren.

## Ba Si Pin Guo

*0,5 kg festfleischige Äpfel, 200 g Zucker, 1 l Erdnußöl oder Pflanzenöl (nur 75 ml verbraucht), 25 ml Wasser, 50 g Maisstärke, in Wasser gelöst, 100 g Maismehl, Sesamöl*

## Kristallisierte Äpfel

Vorbereitung
Die Äpfel schälen und in Viertel schneiden. Die Kerngehäuse entfernen und die Äpfel in große keilförmige Stücke schneiden. Diese mit der Maisstärke-Lösung gründlich überziehen, dann mit einer Schicht Maismehl bedecken. Beiseite setzen. Die Servierplatte mit einer dünnen Schicht Sesamöl bedecken. Eine Schüssel kaltes Wasser bereitstellen.

Zubereitung
Das Öl in eine Pfanne gießen und es fast zum Kochen bringen. Die Äpfel in die Pfanne schütten und für eine oder zwei Minuten in Öl schwimmend backen. Die Apfelstücke aus dem Öl nehmen, wenn sie an der Außenseite knusprig werden. In einer anderen Schüssel Wasser und Zucker mischen. Langsam rühren, dann allmählich schneller. Der Zucker wird sich in einen goldgelben Sirup verwandeln. Ein wenig Sesamöl darauf gießen. Die Äpfel hineingeben. Dauernd rühren, so daß jedes Stück mit dem Sirup überzogen wird und beim Herausziehen jedes Stück einen dünnen Faden aus Sirup hinter sich bildet. Die Äpfel auf eine gefettete Servierplatte legen und sofort servieren, indem man jedes Apfelstück vor dem Essen eine Sekunde in das kalte Wasser taucht, ehe man es ißt. Sie kristallisieren sofort.
Die Äpfel sollten süß sein, an der Außenseite fest und innen zart.
Man kann die Äpfel durch Kartoffeln oder Jamswurzeln ersetzen.

## Kohlherzen-Salat

## Ban Juan Xin Cai

*250 g Weißkohl, 25 ml Sojasoße, 15 ml Sesamöl, 5 g Zucker, 1 g Salz*

Zubereitung
Den Kohl gründlich waschen, in 5 cm lange, 2 cm dicke Stücke schneiden. In kochendem Wasser abbrühen und abtropfen lassen. Sojasoße, Sesamöl, Salz und Zucker in einer Schüssel mit dem Kohl gründlich mischen und servieren.

Variante: (Getrocknete Krabben, geräucherter Sojabohnenquark, grüne scharfe Peperoni oder rote scharfe Paprika können den Kohl ersetzen. Paprika-Öl kann dem Kohl beigefügt werden.

## Scharfer China-Kohl

## La Bai Cai

*0,5 kg China-Kohl, 15 g Zwiebelschalotten, 10 g Ingwer, 7,5 g Salz, 10 g getrocknete scharfe Chilischoten, 25 ml Sesamöl, 75 g Zucker, 2,5 ml Essig, 50 ml Wasser*

Vorbereitung
Den oberen Teil, die Kohlblätter, entfernen und die Stengel zurechtschneiden und sauber waschen. Die Stengel der Länge nach in zwei Teile spalten, dann in 1 cm breite Streifen schneiden. Sie auf eine Platte legen, Salz darauf sprenkeln und 3 bis 4 Stunden liegen lassen. Das Wasser auspressen und den Kohl gründlich trocknen. Auf einer Servierplatte arrangieren. Zwiebelschalotten, Ingwer und Chilischoten in Schnitzel schneiden.

Zubereitung
Das Öl in einer Pfanne erhitzen. Wenn es fast zum Kochen kommt, die Chilischoten hineintun und braten, bis sie purpurrot werden. Dann die Zwiebelschalotten und den Ingwer hinzufügen. Einige Sekunden rühren, dann Wasser und Zucker hinzugeben. Wenn der Zucker geschmolzen ist, den Essig hinzutun und alles zum Kochen bringen. Vom Herd nehmen und auf einer Platte abkühlen. Dann auf die Kohlstengel gießen, die

Platte bedecken und 3 bis 4 Stunden liegen lassen. Zum Servieren den Kohl in der Mitte durchschneiden. Zwiebelschalotten-, Ingwer- und Chilischotenschnitzel oben auf dem Kohl arrangieren und servieren.

Die Blätter zur Zubereitung von „Scharfen Kohlrouladen" benutzen: Die Blätter in kochendem Wasser abbrühen. Sie mit Salz mischen und schließlich eine Garnelensoße darauf gießen. Den Kohl in kleine Rouladen rollen.

*3 Eßlöffel Sojasoße, 50 g getrocknete Garnelen, 250 g Zucker, 30 g Zwiebelschalotten, 30 g Ingwer, 15 ml Kochwein, 15 ml Weinbrand oder Cognac*

Die Herstellung einer Garnelensoße:
Sojasoße, Garnelen, Zwiebelschalotten und Ingwer in einen Topf füllen. Zum Kochen bringen. Kochwein und Branntwein hinzufügen. Nochmals zum Kochen bringen und den Topf vom Feuer nehmen. Abkühlen lassen.

## Tang Cu Ban Huang Gua

*375 g Gurke, 5 g fein gehackter Ingwer, 15 g Zucker, 5 ml Sesamöl, 30 ml Reis-Essig*

## Süßsaurer Gurkensalat

Zubereitung
In einer Schüssel Essig und Zucker mischen. Die Gurke waschen und reinigen. Sie der Länge nach in zwei Hälften teilen und die Samen mit dem Rücken eines Messers wegkratzen. Sie dann in Scheiben schneiden. Diese auf eine Platte legen und den fein gehackten Ingwer und das Sesamöl darauf sprenkeln. Die süßsaure Mischung direkt vor dem Servieren darüber gießen und zuvor gut schütteln.

Durchsichtige „Glasnudeln" oder Paprika-Öl können der Gurke und der Mischung hinzugefügt werden.

## Cong You Ban Huang Gua

*0,5 kg Gurke, 50 ml Erdnußöl oder Pflanzenöl, 5 g Zucker, 10 g Glutamat, 5 g Zwiebelschalotten, Salz nach Geschmack*

## Gurke mit Zwiebelschalotten

Zubereitung
Die Gurke waschen und sie der Länge nach in zwei Hälften teilen. Die Samen wegkratzen und sie dann in Scheiben schneiden. Mit Salz besprenkeln und gründlich vermengen. Eine Weile liegen lassen, dann das überflüssige Wasser abgießen. Zucker und Glutamat hinzufügen.
Die Zwiebelschalotten in kleine Stücke hacken und in eine Schüssel geben. Das Öl in einer Pfanne ein wenig erhitzen und auf die Zwiebelschalotten gießen. Die Gurke hinzufügen, gut mischen und servieren.

配菜藝術
一九八三年初春士伋于北京

## Bai Qie Rou

*1 kg mageres Schweinefleisch, am besten ein Stück frischer Schinken (Haxe oder Haspel), Garnelensoße, Knoblauch, zerquetscht*

## Geschnittenes weißes Schweinefleisch

Zubereitung

Das Schweinefleisch in quadratische Form schneiden und waschen. In einem Topf mit kaltem Wasser über starke Hitze setzen. Zum Kochen bringen. Den Schaum abschöpfen. Dafür sorgen, daß das Fleisch mit Wasser bedeckt ist. Die Hitze reduzieren und brodeln lassen, bis das Fleisch gar ist. Herausnehmen und auf einer Platte kalt werden lassen, mit der fetten Seite nach oben.

Zum Servieren das Fleisch in Scheiben schneiden. Das überflüssige Fett wegschneiden, eine 0,5 cm dicke Schicht übriglassen. Auf einer Platte arrangieren und mit einem Knoblauch- und Garnelen-Gemisch servieren.

*3 Eßlöffel Sojasoße, 50 g getrocknete Garnelen, 250 g Zucker, 30 g Zwiebelschalotten, 30 g Ingwer, 15 ml Kochwein, 15 ml Weinbrand oder Cognac*

Die Herstellung einer Garnelensoße:

Sojasoße, Garnelen, Zwiebelschalotten und Ingwer in einen Topf füllen. Zum Kochen bringen. Kochwein und Branntwein hinzufügen. Nochmals zum Kochen bringen und den Topf vom Feuer nehmen. Abkühlen lassen.

## Jiang Zhou Zi

*5 kg Schweineschulter mit Schwarte, 50 g Salz, 50 ml Kochwein, 50 ml Sojasoße, 200 g Zucker, 25 g Zwiebelschalotten, 25 g Ingwer, 15 g Pfeffer, 15 g Anis, 15 g Fenchel*

## Geschmorte Schweineschulter

Vorbereitung

Die Knochen aus der Schweineschulter entfernen. Die Haut abkratzen und sauber waschen. Im Wasser zwei Stunden einweichen. Dann trocken tupfen. Das Fleisch mit Salz, Pfeffer und Anis überziehen und zwei Stunden durchziehen lassen.

Zubereitung

Das Fleisch zusammen mit der Sojasoße in einem Topf kochen. Beim Kochen mit einer Gabel in die Haut pieken. Wenn das Fleisch gar und das Fett geschmolzen ist, wird es aus dem Topf genommen.

Eine Bambusstange auf den Boden einer Pfanne legen. Das Fleisch rund um die Spitze der Stange arrangieren, aber in der Mitte eine Höhlung lassen. Zwiebelschalotten, Ingwer, Wein, Salz, Zucker, Pfeffer, Anis und Fenchel (die letzten drei in Gaze gehüllt) hinzufügen. Eine Mischung von 30% Brühe und 70% Wasser hinzugeben, um das Fleisch gerade zu überdecken. Die Pfanne über starke Hitze setzen und eine Stunde kochen. Die Hitze reduzieren und vier Stunden schmoren lassen. Schließlich auf eine Platte legen, die Schulter mit der Soße aus der Pfanne bestreichen und servieren.

## Geschmortes Rindfleisch

## Jiang Zhi Niu Rou

*0,5 kg mageres Rindfleisch, 50 g Zwiebelschalotten, 50 ml Kochwein, 25 g Ingwer, 25 ml Sojasoße, 25 g Zucker, 25 g fermentierte Mehlpaste, 25 ml Sesamöl, 5 g Salz, 5 g Glutamat, 1 Liter Öl (nur 100 ml verbraucht), 10 g Sesamsamen, 100 ml Brühe*

Vorbereitung
Das Rindfleisch in zwei Stücke schneiden. Die Zwiebelschalotten in Stücke, den Ingwer in große Scheiben schneiden. Die Sesamsamen rösten, bis sie knusprig sind. Zwiebelschalotten, Ingwer, Salz und Wein in einer Schüssel mischen und das Rindfleisch eine Stunde marinieren.
Danach das Fleisch in eine feuerfeste Schüssel legen und dämpfen, bis es gar ist. Wenn das Fleisch abgekühlt ist, dieses in Streifen von 4 × 1 cm schneiden.

Zubereitung
Das Öl in einer Pfanne erhitzen; wenn es heiß ist, das Rindfleisch hineinlegen und braten, bis der Eigensaft verbraucht ist. Das Rindfleisch herausnehmen und das Öl entfernen. Die Pfanne wieder über das Feuer setzen. Sesamöl, Zwiebelschalotten, Ingwer und fermentierte Mehlpaste hinzufügen. Rühren, bis wohlriechend, dann die Sojasoße, Wein, Zucker und Brühe zur Herstellung einer Soße hinzufügen. Das Rindfleisch hinzugeben und schmoren. Wenn die Soße fast verkocht ist, das Glutamat hinzugeben. Sobald die Soße ganz verkocht ist, die Sesamsamen auf das Rindfleisch streuen. Zwiebelschalotten und Ingwer herausnehmen. Auf eine Platte legen und servieren.

Hammelfleisch und Schweinefleisch können auch auf diese Weise zubereitet werden.

## Hammelfleisch-Kuchen

## Yang Gao

*0,5 kg Hammelfleisch aus dem Bein, 250 g weißer Rettich, Sojasoße, Kochwein, Fenchel, Zimt, 200 g Schweineschwarte, Zucker nach Geschmack, Zwiebelschalotten, Ingwer, ein wenig Knoblauch, Glutamat*

Vorbereitung
Das Hammelfleisch in Würfel schneiden. Die Rettiche schälen und in Würfel schneiden. Fenchel und Zimt in ein Stück Gaze hüllen. Die Schweineschwarte in kochendem Wasser blanchieren und sauber kratzen.
Das Hammelfleisch in Wasser blanchieren und abtropfen lassen.

Zubereitung
In einem Topf Hammelfleisch, Wasser, Rettich, Schweineschwarte und alle anderen Zutaten zum Kochen bringen. Die Hitze reduzieren und schmoren, bis das Hammelfleisch gar ist. Es herausnehmen, in kleine Stücke reißen und in eine Porzellanterrine füllen.
Alle Gewürze herausnehmen. Die Schweineschwarte fein zerhacken und wieder in die Brühe legen. Zum Kochen bringen. Den Schaum abschöpfen. Dann die Brühe über das Hammelfleisch gießen.
Kalt servieren.

## Bai Qie Ji

*ein zartes Huhn von 1,25 kg, Sojasoße, Sesamöl*

## Geschnittenes weißes Hühnerfleisch

Zubereitung
Das Huhn reinigen, die inneren Organe entfernen. Das Huhn in einen Topf mit heißem Wasser legen. Zum Kochen bringen und die Hitze reduzieren, so daß die Haut nicht reißt. Eine Stunde schmoren. Mit einem Eßstäbchen in das Bein stoßen, um festzustellen, ob das Huhn gar ist und sich die Schenkel leicht vom Huhn lösen lassen. Das Huhn abtropfen lassen und in Stücke schneiden. Mit einer Tunke aus Sojasoße und Sesamöl servieren.

## Ji Si Ban Yang Fen

*50 g gekochte Hühnerschnitzel, 100 g Gurkenschnitzel, 25 g Agar (Geliermittel aus Meeresalgen), Sojasoße, Glutamat, Sesamöl, Zucker, Hühnerbrühe, Essig*

## Geschnitzeltes Huhn mit Agar

Zubereitung
Das Agar in Stücke schneiden und in fließendem Wasser waschen. In Wasser einweichen, bis es aufschwemmt.
Aus Sojasoße, Essig, Zucker und Hühnerbrühe eine Tunke herstellen. Nach Geschmack würzen.
Das Agar auf eine Platte legen, ein wenig Sojasoße, Sesamöl und Glutamat hinzugeben. Gleichmäßig vermischen. Das Agar auf dem Boden einer Platte arrangieren, mit geschnitzeltem Huhn und Gurkenschnitzeln bedecken. Die vorbereitete Soße darüber gießen. Gut mischen und servieren.

## Jiang Ya

*eine Ente (1,5 kg), 25 g roter Reis, 15 g Salz, 75 g Kandiszucker, 50 ml Kochwein, 20 g Zwiebelschalotten und Ingwer, 5 g Anis, 5 g Zimt*

## Gedünstete Ente

Vorbereitung
Die Ente reinigen und in kochendem Wasser abbrühen. Dann spülen und trocken klopfen. Mit Salz die Innenseite der Ente benetzen.

Zubereitung
Einen Topf mit 1 Liter Wasser füllen. Den roten Reis, Zwiebelschalotten, Ingwer, Anis und Zimt in einen Gaze-Beutel einhüllen und in den Topf legen. Das Wasser kochen lassen; wenn es rot wird, den Beutel herausnehmen. Die Ente hineintun und Kandis-Zucker, Salz und Wein hinzufügen. Die Hitze reduzieren und 2 Stunden dünsten, bis die Soße auf 200 ml zusammengekocht ist. Die Ente mit der Soße begießen. Wenn die Soße weiter zu 100 ml verkocht ist, die Ente herausnehmen. Sie abtropfen und abkühlen lassen. In Stücke schneiden und servieren.

北京鴨
癸亥冬月于北京

## Nan Jing Ban Ya

*Eine Ente, 150 g Salz, Pfefferkörner, Zwiebelschalotten, Ingwer, Kochwein*

## Gepreßte Nanjing-Ente

Vorbereitung
Unter den Flügeln die Ente öffnen.
Das Salz und die Pfefferkörner rösten, bis sie gelb sind, und sie grob zerdrücken. Die Salz- und Pfefferpulver-Mischung gleichmäßig in die Ente einreiben. Sie in eine große Schüssel legen und mit einem schweren Gegenstand bedecken, so daß die Ente flach gepreßt wird. Alle zwei Tage einmal wenden. Nach zwei Wochen die Ente aus der Schüssel herausnehmen. Sie trocknen.

Zubereitung
Die Ente waschen. In eine Schüssel legen, Zwiebelschalotten, Ingwer, Wein hinzufügen. Dämpfen, bis die Ente gar ist. In zwei Hälften teilen, auf eine Platte legen und servieren.

## Lu Ya

*Eine Ente (etwa 2,5 kg), Sesamöl*

## Gekochte Ente

Vorbereitung
Die inneren Organe entfernen und die Ente sauber waschen. Sie in kochendem Wasser blanchieren und vom Blut säubern.

Zubereitung
Die Ente in eine Pfanne mit Brühe legen und kochen. Dann die Hitze reduzieren und 1 1/2 Stunden schmoren. Die Ente auf das Hackbrett legen und mit Sesamöl bestreichen. In Stücke hacken. Man kann die Ente auch von den Knochen trennen und in Streifen oder Scheiben schneiden. Dann auf eine Platte legen und servieren.

# Imbiß und Dessert

## Gekochte Pastetchen

## Sui Jiao

*Mehl, Wasser, Füllung (Fleisch oder Gemüse oder eine Mischung von beiden)*

Für die Herstellung der Fleischfüllung siehe Rezept S. 134.

Vorbereitung

Das Mehl zum Mischen in eine Schüssel sieben, allmählich kaltes Wasser hineingießen (Die Proportion von Mehl und Wasser ist im Sommer 10:4 und im Winter 10:4,5). Mischen, bis ein fester Teig hergestellt ist. Mit einem feuchten Tuch in der Schüssel den Teig kneten und ihn eine halbe Stunde liegen lassen. Den Teig auf eine leicht mit Mehl bedeckte Fläche auskippen und kneten. Dann aus dem Teig einen wurstförmigen Zylinder von ca. 3 cm Durchmesser formen. Die Rolle in Scheiben schneiden (60 aus 500 g Mehl). Jede einzelne mit der Handfläche platt drücken und dann jedes Stück mit einem Nudelholz in eine dünne runde Einhüllplatte rollen, 5 cm im Durchmesser.

Umhüllen

Ein Plättchen in die Handfläche der linken Hand legen. Mit einem Bambuskratzer ein bißchen Füllung in seine Mitte legen und die Füllung zu einem schmalen Streifen formen. Die Hülle mit beiden Händen halbmondförmig zusammenfalten. Die Ränder fest zusammenpressen, damit das Pastetchen dicht verschlossen ist.

Kochen

Wasser in einem Topf zum Brodeln bringen. Die Pastetchen Stück für Stück hineintun und mit einem Eßstäbchen oder einer Kelle sachte rühren, um sie am Zusammenkleben zu hindern. Den Topf bedecken und bei starker Hitze so lange kochen, bis das Wasser gerade zum Brodeln kommt. Etwas kaltes Wasser eingießen und das Wasser wieder zum Kochen bringen. Diesen Vorgang zwei oder drei Mal wiederholen, dann werden die Pastetchen gar sein. Wenn Füllung und Hülle weich sind, die Pastetchen aus dem Wasser nehmen und heiß servieren.

# Xiao Long Bao Zi

*1,5 kg Sauerteig, 2 kg Fleischfüllung, 30 g Backsoda*

## Gedämpfte Schweinefleisch-Pastetchen

Zubereitung

Den Sauerteig mit Soda mischen und gründlich kneten, bis er sehr glatt ist. Auf einem leicht mit Mehl bedeckten Brett aus dem Teig eine lange, wurstförmige Rolle formen und diese in 100 Scheiben schneiden. Jede Scheibe mit der flachen Hand platt drücken. Mit der Nudelrolle jedes Stück in eine dünne runde Einhüllplatte ausrollen und auf seine Mitte die Füllung legen. Die Seiten des Teigstückes um die Füllung herum in lose Falten zusammenpressen, die sich oben mit einem kleinen Loch treffen. Die Spitze fest zusammendrehen, um die Füllung einzuschließen.

Jedes Pastetchen auf Fettpapier, dann alle auf eine Dämpfplatte legen und etwa 10 Minuten dämpfen.

Heiß servieren.

Zutaten:

*500 g Schweinefleisch (Lende, Nacken oder Schnitzel), 300 g Schweineschwartensülze, 10 ml Shaoxing-Reiswein, 20 g Salz, 20 ml Sojasoße, 25 g Puderzucker, 2 g Glutamat, 10 ml Sesamöl, Pfefferpulver, Zwiebelschalotten, Ingwer*

Herstellung der Fleischfüllung

Schweinefleisch waschen und zerhacken.

Salz, Zwiebelschalotten, Ingwer, Pfefferpulver, Wein, Sojasoße, Zucker und Glutamat in das zerhackte Fleisch vermischen. Rühren, bis die Mischung steif ist. Einige Male Wasser hineinmischen (pro Pfund Fleisch 250 ml Wasser). Verrühren. Zuletzt die zerschnittene Schweineschwartensülze und das Sesamöl mit dem Schweinefleisch gleichmäßig vermischen.

Die Zutaten in der Füllung können nach Geschmack variieren.

Zutaten:

*500 g Schwarte, 1 Liter Wasser, 75 g Ingwer, 50 g Zwiebelschalotten, 150 ml Kochwein*

Herstellung der Schweineschwartensülze

Schweineschwarte enthaaren und waschen. In einem Topf kochen, bis sie so weich ist, daß man sie mit einem Eßstäbchen durchbohren kann. Zerschneiden, wieder in den Topf legen und kochen. Salz, Zwiebelschalotten, Ingwer und Wein hinzufügen und weiter kochen, bis die Schwarte ganz weich ist. In eine Schüssel bringen und abkühlen lassen.

美酒佳肴
迎新春
壬戌岁末
陳亭
畫并記
陳亭

## Xian Rou Guo Tie

*250 g Weizenmehl, 300 g frische Schweinefleisch-Füllung (für 20 Pastetchen), 150 g Schweineschmalz, kochendes Wasser*

## Gebratene Pastetchen

Für die Herstellung der Fleischfüllung siehe Rezept S. 134.

Vorbereitung
Das Mehl zum Mischen in eine Schüssel sieben, langsam kochendes Wasser hineingießen und mischen, bis der Teig fest ist. Den Teig gründlich kneten. Ihn dann in eine wurstförmige Rolle formen, diese in 20 Scheiben schneiden. Jede mit der Handfläche platt drücken und in eine dünne runde Einhüllplatte ausrollen. In ihre Mitte die Füllung legen. Sie halb zusammenklappen und halbmondförmig falten, indem die Ränder zusammengepreßt werden.

Zubereitung
Eine flache Bratpfanne erhitzen, bis sie heiß ist. Das Schweineschmalz hineingeben und über mäßiger Flamme erhitzen. Die Pastetchen hineinlegen, so daß der Boden der Pfanne bedeckt ist, ohne daß sie jedoch übereinanderliegen. Beim Braten die Pfanne regelmäßig wenden, so daß der Boden der Pfanne gleichmäßig erhitzt wird. Braten, bis die Unterseiten goldgelb sind, etwas Wasser hinzufügen, die Pfanne bedecken und kochen, bis die Hüllen der Pastetchen gar sind. Heiß servieren.

## Xia Ren Rou Si Chao Mian

*250 g frische Nudeln, 100 g geschnitzeltes Schweinefleisch (Lende, Nacken oder Schnitzel), 25 g Garnelenfleisch, 1 Eiweiß, 25 ml Kochwein, 0,5 g Glutamat, 4 g feines Salz, 250 g Schweineschmalz (nur 75 g verbraucht), 150 ml Pflanzenöl, 25 ml Sesamöl, 10 g Zwiebelschalotten, Maisstärke-Lösung*

## Unter Rühren gebratene Nudeln mit Garnelenfleisch und Schweinefleisch-Schnitzeln

In einer Bratpfanne das Pflanzenöl erhitzen. Die rohen Nudeln in der Pfanne ausbreiten, Pfannenrühren, bis eine Seite braun ist, dann die Nudeln wenden und die andere Seite Pfannenrühren, bis auch diese braun ist. Ein wenig Wasser hinzufügen, die Pfanne bedecken und kochen, bis das Wasser verkocht ist. Die Nudeln auf eine große Platte legen.
Das Schweineschmalz in der Bratpfanne erhitzen. Die Mischung von Schweinefleisch, Garnelenfleisch und Eiweiß hinzugeben. Pfannenrühren. Das Öl dann abgießen, Zwiebelschalotten, Salz, Kochwein und Glutamat hinzufügen, Pfannenrühren und dann mit der Maisstärke-Lösung dicken. Mit ein wenig Sesamöl besprenkeln und alles auf die vorbereiteten Nudeln füllen.

## „Acht-Schätze"-Reispudding

## Ba Bao Fan

*150 g klebriger Reis, 100 g getrocknete Lotossamen, 100 g kandierte Datteln, kandierte grüne Pflaumen, kandierte Wintermelonenschale, Wassermelonensamen, Rosinen, blanchierte Walnüsse, kandierte Longanen (wie Lychees, nur kleiner und fester), 15 g Maisstärke, in Wasser gelöst, Schweineschmalz, 100 g Zucker*

Vorbereitung
Den Reis in Wasser waschen, bis er sauber ist. Genug kaltes Wasser in den unteren Teil eines Dampfkochtopfes gießen, ca. 3 cm hoch. Den Reis in einer Schüssel mit Wasser auf die Kochplatte im Topf stellen. Den Topf bedecken und 40 Minuten oder bis der Reis ganz gar ist, dämpfen. 100 g Zucker hinzugeben und mischen.
Die kandierten Datteln, grünen Pflaumen, Wintermelonenschalen und Longanen mischen, sie in sehr kleine Würfel schneiden. Die Rosinen, Wassermelonensamen, blanchierten Walnüsse und kandierten Lotossamen waschen.
Eine feuerfeste Schüssel mit Schmalz einreiben. Alle Zutaten außer Reis in der Schüssel in Reihen oder nach eigenem Muster arrangieren, dann den Reis darauf füllen, dabei die kandierten Früchte und Nüsse sorgfältig bedecken, indem der Reis gleichmäßig bis zu den Rändern der Schüssel ausgebreitet wird. Mit der Handfläche leicht nach unten pressen.

Zubereitung
Die Schüssel in einen Dampfkochtopf stellen und gründlich dämpfen. Die Schale auf eine Servierplatte stürzen.
Ein wenig Wasser in einem Topf zum Kochen bringen, 100 g Zucker hinzufügen. Die Maisstärke-Lösung zum Dicken hinzufügen. Diesen Sirup auf den Pudding gießen. Den Pudding mit weiteren geschnittenen kandierten Früchten garnieren und servieren.

# Pinyin – Lautumschrift mit Aussprachehinweisen

Am 1. Januar 1979 hat die Regierung der Volksrepublik China die allgemeine Benutzung einer offiziellen Lautumschrift chinesischer Wörter und Namen mit lateinischen Buchstaben amtlich verfügt. Hierdurch soll eine Standardisierung erreicht werden.
Da wir diese *pinyin* („phonetische Transkription") genannte Lautumschrift auch in unserem Kochbuch verwenden, geben wir nachstehend die wichtigsten Regeln für eine annähernd richtige Aussprache wieder:

**Konsonanten,** die anders gesprochen werden als im Deutschen:

| | | | | | | |
|---|---|---|---|---|---|---|
| **c** | wie | *ts* | *cai* | = | *tsai* | Kohl, Gemüse |
| **ch** | wie | *tsch* | *Cheng* | = | *Tscheng* | ein häufiger Familienname |
| **h** | wie | *ch* in Rachen | *hao* | = | *chao* | gut |
| **j** | wie | *dj* | *jia* | = | *djia* | Heim |
| **q** | wie | *tj* | *qing* | = | *tjing* | bitte |
| | | | *qu* | = | *tjü* | hingehen |
| **s** | wie | *ss* | *sa* | = | *ssa* | gießen |
| **sh** | wie | *sch* | *shao* | = | *schau* | wenig |
| **x** | wie | *sch* vor i oder ü | | | | |
| | | | *xin* | = | *schin* | (in China) Herz |
| | | | *xun* | = | *schün* | geräuchert |
| **y** | wie | *j* in | *ja yang* | = | *jang* | Ziege |
| **z** | wie | *ds* | *zuo* | = | *dsuo* | sitzen |
| **zh** | wie | *dsch* | *Zhang* | = | *Dschang* | ein häufiger Familienname |
| **w** | wie | englisch *w* in wood | | | | |
| | | | *Wang* | = | *Uang* | ein häufiger Familienname |

**Vokale,** die anders gesprochen werden als im Deutschen:

| | | | | | | |
|---|---|---|---|---|---|---|
| **ei** | wie | *ay* im Englischen stay | | | | |
| | | | *shei* | = | *shay* | wer |
| **ian** | wie | *iän* | *jian* | = | *djiän* | Zimmer |
| | | | *lian* | = | *liän* | lernen |
| **uan** | wie | *üän* in | *quan* | = | *tjüän* | alle |
| aber | | | | | | |
| **uan** | wie | *uan* in | *guan* | = | *guan* | kümmern |
| **ong** | wie | *ung* | *zhong* | = | *dschung* | Mitte *(Zhongguo* = China Reich der Mitte) |

# Biographien der Künstler

Die chinesische Malerei gehört durch ihre einmalige Naturdarstellung zu den ergreifendsten Zeugnissen künstlerischer Ausdrucksfähigkeit. Der unverwechselbare Reiz chinesischer Tuschmalereien entsteht auch durch den Pinsel selbst, der sich durch größere Elastizität und Feinheit vom Pinsel westlicher Maler unterscheidet.

Schon in den Zhou-Dynastien (11. Jahrhundert bis 222 v. Chr.) muß es eine hochentwickelte Malerei gegeben haben, denn Konfuzius berichtet tief beeindruckt von Tempelwandgemälden. Während auch in späterer Zeit nur die Namen der berühmten Maler überliefert wurden, sind allenfalls Kopien ihrer Werke erhalten, so auch noch aus der Tang-Dynastie (618-906), eine der glänzendsten Perioden chinesischer Malerei und Lyrik. In dieser Zeit des Dichters Li Tai-pe wurden die ersten Stimmungslandschaften mit Bäumen, Bergen, Flüssen und Wasserfällen geschaffen.
In der Song-Dynastie (960-1279) erlebte die Landschaftsmalerei ihre höchste Blüte und bestimmte richtungsweisend über Jahrhunderte hinweg die Landschaftskunst. Trotz vieler schöner Darstellungen wurde später diese innig zutage tretende Naturliebe nicht mehr erreicht. Auch westliche Einflüsse wurden sichtbar, doch die unverwechselbare Tradition chinesischer Malerei wird auch in der Gegenwart fortgeführt: Der Nuancenreichtum in der schwarzen Tusche vom Hauch zartester Tönung im grau bis zum tiefsten schwarz, dezentes Andeuten eines Farbtons oder das schwerelose Schweben des Dargestellten über unbemaltem Hintergrund.

---

**Li Shiji**
geboren 1936 in der Stadt Anyang, Provinz Henan, ist ein vorzüglicher Kunstmaler, der in der Anatomie-Abteilung der Fakultät für chinesische Malerei in der Zentralen Akademie für Schöne Kunst, Beijing, studiert und sein Studium 1964 abschloß. Zur Zeit arbeitet er für Buchausstattungen und schafft Illustrationen zu Geschichten.
Li spezialisiert sich auf Skizzen im Freien, Feinzeichnungen sowie Gemüse-, Obst- und

Blumenmalereien. Zu seinen jüngsten Arbeiten gehören die Bilder zu den Geschichten „Fischer mit Ausweis“, „Zaubermaler Ma Liang“, „Pilgerfahrt nach dem Westen“, „Taoisten auf dem Berg Laoshan“ und „Der Bote des Königs von Tibet“. Außerdem illustriert er für „China im Aufbau“ und andere Zeitschriften sowie für verschiedene Bücher. Im März 1983 wurden seine Illustrationen für die chinesische mythologische Geschichte „Nezhas Aufruhr im Meer“ in der Ausstellung von Illustrationen für chinesische Kinderbücher und gleichzeitig auf der internationalen Kinderbuchmesse 1983 in Bologna ausgestellt.

Die Bilder „Essen und Trinken im alten China“, „Entenfütterung bei Beijing“ und „Rapskohl, Blumenkohl und Mohrrüben“ sind einige neue Arbeiten, die Li 1983 für das vorliegende Buch schuf.

---

**Chen Ting**

eine begabte junge Malerin, wurde 1957 in Beijing geboren. 1982 hat sie die Fakultät für chinesische Malerei der Zentralen Akademie für Schöne Kunst, Beijing, absolviert. Gegenwärtig zeichnet sie Illustrationen und arbeitet für Buchausstattungen.

Frau Chen spezialisiert sich auf farbige Feinzeichnungen mit menschlichen Figuren als Hauptmotiv. Ihre Abschlußarbeit, die Bildergruppe „Frauen auf dem Liangshan-Berg“ wurde in der „China Daily“ und in der Zeitschrift „Chinesische Malerei“ veröffentlicht. Zwischen 1980 und 1983 schuf sie im chinesischen Malstil „Jungfrau“, „Kameraden“, „Neue Lieder aus dem Dong-Dorf“, „Nächtliche Heimkehr“ und andere Malereien sowie die Bilder zu der Geschichte „Der alte Mais-Bauer“.

„Schafhirtin der Zhuang-Nationalität“ ist eine Arbeit, die sie 1983 für das vorliegende Buch schuf.

豐收時節

# Verzeichnis der Tuschmalereien

# Register